2024国家统一法律职业资格考试

法考

必刷题

随时~随地~随身练　⑤刑诉法

拓朴法考　编著

中国法制出版社
CHINA LEGAL PUBLISHING HOUSE

目 录

第一编 总论 ·· (1)

专题一 刑事诉讼法概述 ··· (1)
专题二 刑事诉讼法的基本原则 ··· (4)
专题三 刑事诉讼中的专门机关和诉讼参与人 ······························ (9)
专题四 管辖 ·· (12)
专题五 回避 ·· (17)
专题六 辩护与代理 ··· (19)
专题七 刑事证据 ·· (25)
专题八 强制措施 ·· (39)
专题九 附带民事诉讼 ·· (48)
专题十 期间、送达 ··· (51)

第二编 分论 ·· (53)

专题十一 立案 ··· (53)
专题十二 侦查 ··· (55)
专题十三 起诉 ··· (64)
专题十四 刑事审判概述 ··· (68)
专题十五 第一审程序 ·· (73)
专题十六 第二审程序 ·· (89)
专题十七 死刑复核程序 ··· (96)
专题十八 审判监督程序 ·· (100)
专题十九 涉外刑事诉讼程序与司法协助制度 ···························· (103)
专题二十 执行 ·· (104)

第三编　特别程序 …………………………………………（110）
　　专题二十一　未成年人刑事案件诉讼程序 …………………（110）
　　专题二十二　当事人和解的公诉案件诉讼程序 ……………（115）
　　专题二十三　缺席审判程序 …………………………………（117）
　　专题二十四　犯罪嫌疑人、被告人逃匿、死亡案件违法所得
　　　　　　　　的没收程序 ……………………………………（118）
　　专题二十五　依法不负刑事责任的精神病人的强制医疗
　　　　　　　　程序 ……………………………………………（120）

刷题表	时间	题号	一刷	二刷	题号	一刷	二刷	题号	一刷	二刷	题号	一刷	二刷
		1	ABD										

刑 诉 法

扫一扫,"码"上做题

微信扫码,即可线上做题、看解析。
多种做题模式:章节自测、单科集训、随机演练等。

第一编 总 论

专题一 刑事诉讼法概述

考点1 刑事诉讼法与刑法的关系

1．2016/2/64/多①

刑事诉讼法的独立价值之一是具有影响刑事实体法实现的功能。下列哪些选项体现了这一功能?②

A．被告人与被害人达成刑事和解而被法院量刑时从轻处理

B．因排除犯罪嫌疑人的口供,检察院作出证据不足不起诉的决定

C．侦查机关对于已超过追诉期限的案件不予立案

D．只有被告人一方上诉的案件,二审法院判决时不得对被告人判处重于原判的刑罚

考点2 刑事诉讼的基本理念和范畴

2．2017/2/22/单

关于我国刑事诉讼构造,下列哪一选项是正确的?③

A．自诉案件审理程序适用当事人主义诉讼构造

B．被告人认罪案件审理程序中不存在控辩对抗

C．侦查程序已形成控辩审三方构造

---

① 指 2016 年/试卷二/第 64 题/多选——编者注 ② ABD ③ D

· 1 ·

D. 审查起诉程序中只存在控辩关系

3． 2015/2/22/单

关于刑事诉讼价值的理解,下列哪一选项是错误的?①

A. 公正在刑事诉讼价值中居于核心的地位
B. 通过刑事程序规范国家刑事司法权的行使,是秩序价值的重要内容
C. 效益价值属刑事诉讼法的工具价值,而不属刑事诉讼法的独立价值
D. 适用强制措施遵循比例原则是公正价值的应有之义

4． 2014/2/22/单

社会主义法治公平正义的实现,应当高度重视程序的约束作用,避免法治活动的任意性和随意化。据此,下列哪一说法是正确的?②

A. 程序公正是实体公正的保障,只要程序公正就能实现实体公正
B. 刑事程序的公开与透明有助于发挥程序的约束作用
C. 为实现程序的约束作用,违反法定程序收集的证据均应予以排除
D. 对复杂程度不同的案件进行程序上的繁简分流会限制程序的约束作用

5． 2014/2/24/单

关于刑事诉讼构造,下列哪一选项是正确的?③

A. 刑事诉讼价值观决定了刑事诉讼构造
B. 混合式诉讼构造是当事人主义吸收职权主义的因素形成的
C. 职权主义诉讼构造适用于实体真实的诉讼目的
D. 当事人主义诉讼构造与控制犯罪是矛盾的

6． 2014/2/64/多

关于"宪法是静态的刑事诉讼法、刑事诉讼法是动态的宪法",下列哪些选项是正确的?④

A. 有关刑事诉讼的程序性条款,构成各国宪法中关于人权保障条款的核心
B. 刑事诉讼法关于强制措施的适用权限、条件、程序与辩护等规定,都直接体现了宪法关于公民人身、住宅、财产不受非法逮捕、搜查、扣押以及被告人有权获得辩护等规定的精神

---

① C ② B ③ C ④ ABC

C. 刑事诉讼法规范和限制了国家权力,保障了公民享有宪法规定的基本人权和自由

D. 宪法关于人权保障的条款,都要通过刑事诉讼法保证刑法的实施来实现

7. (2013/2/22/单)

在刑事司法实践中坚持不偏不倚、不枉不纵、秉公执法原则,反映了我国刑事诉讼"惩罚犯罪与保障人权并重"的理论观点。如果有观点认为"司法机关注重发现案件真相的立足点是防止无辜者被错误定罪",该观点属于下列哪一种学说?①

A. 正当程序主义
B. 形式真实发现主义
C. 积极实体真实主义
D. 消极实体真实主义

8. (2013/2/23/单)

在刑事诉讼中,法官消极中立,通过当事人举证、辩论发现事实真相,并由当事人推动诉讼进程。这种诉讼构造属于下列哪一种类型?②

A. 职权主义　　　　　　B. 当事人主义
C. 纠问主义　　　　　　D. 混合主义

9. (2012/2/22/单)

关于《刑事诉讼法》"尊重和保障人权,保护公民的人身权利、财产权利、民主权利和其他权利"的规定,下列哪一选项是正确的?③

A. 体现了以人为本、保障和维护公民基本权利和自由的理念
B. 体现了犯罪嫌疑人、被告人权利至上的理念
C. 体现了实体公正与程序公正并重的理念
D. 体现了公正优先、兼顾效率的理念

10. (2012/2/23/单)

甲发现自家优质甜瓜常被人夜里偷走,怀疑乙所为。某夜,甲带上荧光恐怖面具,在乙偷瓜时突然怪叫,乙受到惊吓精神失常。甲后悔不已,主动承担乙的治疗费用。公安机关以涉嫌过失致人重伤将甲拘留,乙父母向

① D　② B　③ A

公安机关表示已谅解甲,希望不追究甲的责任。在公安机关主持下,乙父母与甲签订和解协议,公安机关将案件移送检察院并提出从宽处理建议。下列社会主义法治理念和刑事诉讼理念的概括,哪一选项与本案处理相一致?①
A. 既要充分发挥司法功能,又要构建多元化的矛盾纠纷化解机制
B. 既要坚持法律面前人人平等,又要考虑对特殊群体区别对待
C. 既要追求公平正义,又要兼顾诉讼效率
D. 既要高度重视程序的约束作用,又不应忽略实体公正

11． 2012/2/64/多

关于刑事诉讼的秩序价值的表述,下列哪些选项是正确的?②
A. 通过惩罚犯罪维护社会秩序
B. 追究犯罪的活动必须是有序的
C. 刑事司法权的行使,必须受到刑事程序的规范
D. 效率越高,越有利于秩序的实现

专题二 刑事诉讼法的基本原则

考点3 刑事诉讼基本原则的特点

12． 2014/2/65/多

关于刑事诉讼基本原则,下列哪些说法是正确的?③
A. 体现刑事诉讼基本规律,有着深厚的法律理论基础和丰富的思想内涵
B. 既可由法律条文明确表述,也可体现于刑事诉讼法的指导思想、目的、任务、具体制度和程序之中
C. 既包括一般性原则,也包括独有原则
D. 与规定具体制度、程序的规范不同,基本原则不具有法律约束力,只具有倡导性、指引性

考点4 具有法定情形不予追究刑事责任原则

13． 2014/2/23/单

社会主义法治要通过法治的一系列原则加以体现。具有法定情形不予追究刑事责任是《刑事诉讼法》确立的一项基本原则,下列哪一案件的

---

① A ② ABC ③ ABC

处理体现了这一原则?①
- A. 甲涉嫌盗窃,立案后发现涉案金额400余元,公安机关决定撤销案件
- B. 乙涉嫌抢夺,检察院审查起诉后认为犯罪情节轻微,不需要判处刑罚,决定不起诉
- C. 丙涉嫌诈骗,法院审理后认为其主观上不具有非法占有他人财物的目的,作出无罪判决
- D. 丁涉嫌抢劫,检察院审查起诉后认为证据不足,决定不起诉

14. 2009/2/30/单
检察院立案侦查甲刑讯逼供案。被害人父亲要求甲赔偿丧葬费等经济损失。侦查中,甲因病猝死。对于此案,检察院下列哪一做法是正确的?②
- A. 移送法院以便审理附带民事诉讼部分
- B. 撤销案件
- C. 决定不起诉
- D. 决定不起诉并对民事部分一并作出处理

15. 2008/2/66/多
关于依法不追究刑事责任的情形,下列哪些选项是正确的?③
- A. 犯罪嫌疑人甲和被害人乙在审查起诉阶段就赔偿达成协议,被害人乙要求不追究甲刑事责任
- B. 甲侵占案,被害人乙没有起诉
- C. 高某犯罪情节轻微,对社会危害不大
- D. 犯罪嫌疑人白某在被抓获前自杀身亡

考点5 严格遵守法律程序原则

16. 2015/2/64/多
关于程序法定,下列哪些说法是正确的?④
- A. 程序法定要求法律预先规定刑事诉讼程序
- B. 程序法定是大陆法系国家法定原则的重要内容之一
- C. 英美国家实行判例制度而不实行程序法定
- D. 以法律为准绳意味着我国实行程序法定

---

① A ② B ③ BD ④ ABD

17． 2012/2/65/多

二审法院发现一审法院的审理违反《刑事诉讼法》关于公开审判、回避等规定的,应当裁定撤销原判、发回原审法院重新审判。关于该规定,下列哪些说法是正确的?①

A．体现了分工负责、互相配合、互相制约的原则
B．体现了严格遵守法定程序原则的要求
C．表明违反法定程序严重的,应当承担相应法律后果
D．表明程序公正具有独立的价值

考点6 未经法院依法判决,对任何人都不得确定有罪原则

18． 2013/2/64/多

社会主义法治的公平正义,要通过法治的一系列基本原则加以体现。"未经法院依法判决,对任何人都不得确定有罪"是《刑事诉讼法》确立的一项基本原则。关于这一原则,下列哪些说法是正确的?②

A．明确了定罪权的专属性,法院以外任何机关、团体和个人都无权行使这一权力
B．确定被告人有罪需要严格依照法定程序进行
C．表明我国刑事诉讼法已经全面认同和确立无罪推定原则
D．按照该规定,可以得出疑罪从无的结论

考点7 保障诉讼参与人的诉讼权利原则

19． 2016/2/65/多

关于保障诉讼参与人的诉讼权利原则,下列哪些选项是正确的?③

A．是对《宪法》和《刑事诉讼法》尊重和保障人权的具体化
B．保障诉讼参与人的诉讼权利,核心在于保护犯罪嫌疑人、被告人的辩护权
C．要求诉讼参与人在享有诉讼权利的同时,还应承担法律规定的诉讼义务
D．保障受犯罪侵害的人的起诉权和上诉权,是这一原则的重要内容

---

① BCD ② AB ③ ABC

考点8 认罪认罚从宽原则

20. 2022 回忆/多

胡某在与白某交往期间,以投资为由从白某处骗得5万元,后因涉嫌诈骗被立案侦查。在审查起诉阶段,胡某认罪认罚,积极退还部分款项并取得白某谅解。在法院适用速裁程序审理此案时,胡某辩称欺骗白某感情为真,但5万元系借款,会积极退赔剩余款项。对此,下列哪些说法是正确的?①

A. 检察院可提出加重犯罪嫌疑人刑罚的量刑建议
B. 胡某的表态不影响对"认罪"的认定
C. 法院可将速裁程序转为简易程序继续审理
D. 法院仍可按照积极退赔从宽量刑

21. 2021 回忆/任

蔡某涉嫌寻衅滋事,人民检察院对蔡某决定逮捕,蔡某在侦查阶段拒不认罪,在审查起诉之后自愿认罪认罚,但是在赔偿方面未与被害人付某达成一致意见。关于本案认罪认罚程序的适用,人民检察院的下列处理正确的是:②

A. 人民检察院向人民法院提起公诉时可以建议法院适用速裁程序审理
B. 人民检察院可积极促成蔡某与付某进行刑事和解
C. 人民检察院应及时对蔡某进行羁押必要性审查
D. 若人民检察院认为可以对蔡某使用非监禁刑,可以自行进行社会调查

22. 2021 回忆/多

陈某实施合同诈骗后向公安机关自首,主动交代犯罪事实,并自愿认罪认罚。关于本案处理,下列哪些选项是正确的?③

A. 陈某的认罪认罚可导致程序从简,包括降低证据要求
B. 如陈某有转移财产行为,不应适用认罪认罚从宽制度
C. 如陈某不同意适用速裁程序,不影响认定其认罪
D. 陈某的自首与认罪认罚可作重复评价

23. 2021 回忆/多

岳某因涉嫌抢夺罪被立案侦查,后被移送审查起诉,下列关于其

---

① AD ② ACD ③ BC

认罪认罚的说法正确的是：①
  A. 岳某在审查起诉阶段拒绝签署认罪认罚具结书,不影响其在审判阶段认罪认罚
  B. 岳某在侦查阶段被逮捕后,若其认罪认罚,检察院应当开展羁押必要性审查
  C. 若检察院在审查起诉阶段发现岳某在侦查阶段认罪认罚不是其真实意愿,可以重新对岳某开展认罪认罚工作
  D. 在侦查阶段,岳某认罪认罚,但没有委托辩护人,也拒绝值班律师提供法律帮助,侦查机关应当通知法律援助机构为其提供法律援助辩护

24. 2021回忆/多

关于认罪认罚从宽制度,下列哪些表述是正确的?②
  A. 甲犯数罪,但只认其中一罪,对其全案不得适用认罪认罚从宽制度
  B. 乙是穷凶极恶的杀人犯,即使其认罪认罚并且积极赔偿并取得了被害人亲属谅解,也可对其不予从宽处罚
  C. 认罪认罚从宽制度只能适用某一诉讼阶段
  D. 丙在审查、起诉时认罪认罚,到了审判阶段不认罪认罚的,不能适用认罪认罚从宽制度

考点9 其他基本原则

25. 2017/2/64/多

某市发生一起社会影响较大的绑架杀人案。在侦查阶段,因案情重大复杂,市检察院提前介入侦查工作。检察官在开展勘验、检查等侦查措施时在场,并就如何进一步收集、固定和完善证据以及适用法律向公安机关提出了意见,对已发现的侦查活动中的违法行为提出了纠正意见。关于检察院提前介入侦查,下列哪些选项是正确的?③
  A. 侵犯了公安机关的侦查权,违反了侦查权、检察权、审判权由专门机关依法行使的原则
  B. 体现了分工负责,互相配合,互相制约的原则
  C. 体现了检察院依法对刑事诉讼实行法律监督的原则
  D. 有助于严格遵守法律程序原则的实现

① ABC ② ABD ③ BCD

专题三　刑事诉讼中的专门机关和诉讼参与人

考点10　专门机关

26． 2021 回忆/多

下列关于检察院办理刑事案件的表述,哪些是正确的?①

A. 检察办案组办理案件时应当请求检察长或副检察长担任主办检察官
B. 以检察院名义制发的法律文书,检察长可以授权检察官签发
C. 检察委员会可以对部分办案事项作出决定并承担相应司法责任
D. 上级检察院认为下级检察院作出的不起诉决定错误,可以撤销不起诉决定

27． 2017/2/65/多

某案件经中级法院一审判决后引起社会的广泛关注。为回应社会关注和保证办案质量,在案件由高级法院作出二审判决前,基于我国法院和检察院的组织体系与上下级关系,最高法院和最高检察院可采取下列哪些措施?②

A. 最高法院可听取高级法院对该案的汇报并就如何审理提出意见
B. 最高法院可召开审判业务会议对该案的实体和程序问题进行讨论
C. 最高检察院可听取省检察院的汇报并对案件事实、证据进行审查
D. 最高检察院可决定检察机关在二审程序中如何发表意见

28． 2016/2/23/单

关于监狱在刑事诉讼中的职权,下列哪一选项是正确的?③

A. 监狱监管人员指使被监管人体罚虐待其他被监管人的犯罪,由监狱进行侦查
B. 罪犯在监狱内犯罪并被发现判决时所没有发现的罪行,应由监狱一并侦查
C. 被判处有期徒刑罪犯的暂予监外执行均应当由监狱提出书面意见,报省级以上监狱管理部门批准
D. 被判处有期徒刑罪犯的减刑应当由监狱提出建议书,并报法院审核裁定

---

① CD　② CD　③ D

·9·

29. 2015/2/65/多

关于公检法机关的组织体系及其在刑事诉讼中的职权,下列哪些选项是正确的?①

A. 公安机关统一领导、分级管理,对超出自己管辖的地区发布通缉令,应报有权的上级公安机关发布

B. 基于检察一体化,检察院独立行使职权是指检察系统整体独立行使职权

C. 检察院上下级之间是领导关系,上级检察院认为下级检察院二审抗诉不当的,可直接向同级法院撤回抗诉

D. 法院上下级之间是监督指导关系,上级法院如认为下级法院审理更适宜,可将自己管辖的案件交由下级法院审理

考点 11 诉讼参与人

30. 2017/2/66/多

在袁某涉嫌故意杀害范某的案件中,下列哪些人员属于诉讼参与人?②

A. 侦查阶段为袁某提供少数民族语言翻译的翻译人员

B. 公安机关负责死因鉴定的法医

C. 就证据收集合法性出庭说明情况的侦查人员

D. 法庭调查阶段就范某死因鉴定意见出庭发表意见的有专门知识的人

31. 2017/2/67/多

犯罪嫌疑人、被告人在刑事诉讼中享有的诉讼权利可分为防御性权利和救济性权利。下列哪些选项属于犯罪嫌疑人、被告人享有的救济性权利?③

A. 侦查机关讯问时,犯罪嫌疑人有申辩自己无罪的权利

B. 对办案人员人身侮辱的行为,犯罪嫌疑人有提出控告的权利

C. 对办案机关应退还取保候审保证金而不退还的,犯罪嫌疑人有申诉的权利

D. 被告人认为一审判决量刑畸重,有提出上诉的权利

---

① AB　② AB　③ BCD

| 刷题表 | 时 间 | 题号 | 一刷 | 二刷 | 题号 | 一刷 | 二刷 | 题号 | 一刷 | 二刷 | 题号 | 一刷 | 二刷 |

32. `2015/2/66/多`

关于刑事诉讼当事人中的被害人的诉讼权利,下列哪些选项是正确的?①

A. 撤回起诉、申请回避
B. 委托诉讼代理人、提起自诉
C. 申请复议、提起上诉
D. 申请抗诉、提出申诉

33. `2014/2/25/单`

关于被害人在刑事诉讼中的权利,下列哪一选项是正确的?②

A. 自公诉案件立案之日起有权委托诉讼代理人
B. 对因作证而支出的交通、住宿、就餐等费用,有权获得补助
C. 对法院作出的强制医疗决定不服的,可向作出决定的法院申请复议一次
D. 对检察院作出的附条件不起诉决定不服的,可向上一级检察院申诉

34. `2009/2/66/多`

高某系一抢劫案的被害人。关于高某的诉讼权利,下列哪些选项是正确的?③

A. 有权要求不公开自己的姓名和报案行为
B. 如公安机关不立案,有权要求告知不立案的原因
C. 作为证据使用的鉴定意见,经申请可以补充或者重新鉴定
D. 如检察院作出不起诉决定,也可以直接向法院提起自诉

35. `2007/2/76/多`

下列哪些人是承担控诉职能的诉讼参与人?④

A. 公诉人   B. 自诉人
C. 被害人   D. 控方证人

36. `2006/2/22/单`

关于被害人在法庭审理中的诉讼权利,下列哪一选项是错误的?⑤

A. 有权委托诉讼代理人

---

① BD ② D ③ ABCD ④ BC ⑤ C

B. 有权申请回避
C. 无权参与刑事部分的法庭调查和辩论,只能参加附带民事诉讼部分的审理活动
D. 对刑事判决部分不能提起上诉

专题四 管 辖

考点12 立案管辖

37． 2020 回忆/多

张某和李某结婚,婚后育一子张小某。8 年后,张某和李某离婚,张小某随父亲张某一同生活,次年,张某与陈某再婚。在生活中,继母陈某长期虐待张小某,下列哪些表述是正确的?①

A. 陈某虐待张小某,李某可以向法院提起自诉
B. 陈某虐待张小某,邻居王某可以向法院提起自诉
C. 陈某虐待张小某,张小某没有能力告诉,公安机关可以对陈某立案侦查
D. 陈某虐待张小某,只有张某可以向法院提起自诉

38． 2019 回忆/单

张某涉嫌贩卖毒品罪在 A 省 B 市被立案侦查,侦查中聘请该市著名律师陈某为辩护人,下列哪一项说法是正确的?②

A. 辩护人陈某在 B 市甲区帮助张某隐瞒证据毁灭罪证,可以由 B 市公安机关立案侦查
B. 辩护人陈某在 B 市乙区犯盗窃罪,可以由 B 市下属的乙区公安局立案侦查
C. 辩护人陈某涉嫌向张某案件的侦查人员行贿,可以由与 B 市同级的 C 市公安局立案侦查
D. 辩护人陈某在 B 市丙区涉嫌强奸罪,应当由 B 市以外的侦查机关立案侦查

39． 2015/2/67/多

孙某系甲省乙市海关科长,与走私集团通谋,利用职权走私国

---
① AC ② B

家禁止出口的文物,情节特别严重。关于本案管辖,下列哪些选项是正确的?①

A. 可由公安机关立案侦查
B. 经甲省检察院决定,可由检察院立案侦查
C. 甲省检察院决定立案侦查后可根据案件情况自行侦查
D. 甲省检察院决定立案侦查后可根据案件情况指定甲省丙市检察院侦查

40． 2009/2/22/单

下列哪一案件应由公安机关直接受理立案侦查?②

A. 林业局副局长王某违法发放林木采伐许可证案
B. 吴某破坏乡长选举案
C. 负有解救被拐卖儿童职责的李某利用职务阻碍解救案
D. 某地从事实验、保藏传染病菌种的钟某,违反国务院卫生行政部门的有关规定,造成传染病菌种扩散构成犯罪的案件

考点13 审判管辖

41． 2023 回忆/单

岳某被某市甲区法院判决构成诈骗罪后提出上诉。市中级法院审理期间,岳某因另一起案件涉嫌诈骗罪被起诉至该市乙区法院。关于本案,市中级法院的下列哪一做法是正确的?③

A. 中止审理,等待乙区法院的审理结果
B. 继续审理,暂不用考虑另一诈骗案件
C. 撤销原判,一并提审两个诈骗案件
D. 发回重审,由甲区法院将另一诈骗案件并案审理

42． 2020 回忆/多

中国公民甲乘坐某国船只,在公海上航行,甲与另一中国公民乙发生口角,遂殴打起来,致其死亡并将其抛入海中。下列选项正确的有:④

A. 在中国的初次停泊处法院可以管辖
B. 乙在离境前居住地法院有管辖权
C. 甲入境后居所地法院有管辖权

---

① ABCD　② D　③ D　④ BCD

D. 甲在中国入境地法院有管辖权

43. 2019回忆/多

案发前,曾任甲市乙区法院院长的齐某是甲市中院副院长,也是该院审委会成员,后因涉嫌职务犯罪被起诉至乙区法院。关于该案的处理,下列哪些说法是不正确的?①

A. 齐某可以申请甲市乙区法院全体人员回避
B. 乙区法院可以直接请求省高院指定其他法院管辖
C. 乙区法院可以报请上一级法院指定管辖
D. 乙区法院可以直接移送至甲市以外的法院管辖

44. 2016/2/24/多

甲省A市副市长涉嫌受贿2000万元,为保证诉讼顺利进行,拟指定甲省B市管辖。关于本案指定管辖,下列哪些选项是不正确的?②

A. 如指定B市中级法院审理,应由B市检察院侦查并提起公诉
B. 甲省检察院可指定B市检察院审查起诉并指定B市中级法院审理
C. 可由最高检察院直接指定B市检察院立案侦查
D. 如甲省高级法院指定B市中级法院审理,A市中级法院应将案卷材料移送B市中级法院

45. 2014/2/66/多

某县破获一抢劫团伙,涉嫌多次入户抢劫,该县法院审理后认为,该团伙中只有主犯赵某可能被判处无期徒刑。关于该案的移送管辖,下列哪些选项是正确的?③

A. 应当将赵某移送中级法院审理,其余被告人继续在县法院审理
B. 团伙中的未成年被告人应当一并移送中级法院审理
C. 中级法院审查后认为赵某不可能被判处无期徒刑,可不同意移送
D. 中级法院同意移送的,应当书面通知其同级检察院

46. 2013/2/65/多

周某采用向计算机植入木马程序的方法窃取齐某的网络游戏账号、密码等信息,将窃取到的相关数据存放在其租用的服务器中,并利用这些

---

① ABD ② ABCD(原答案为C)。原为单选题,根据新法答案有变化,调整为多选题
③ CD

数据将齐某游戏账户内的金币、点券等虚拟商品放在第三方网络交易平台上进行售卖,获利5000元。下列哪些地区的法院对本案具有管辖权?①

A. 周某计算机所在地
B. 齐某计算机所在地
C. 周某租用的服务器所在地
D. 经营该网络游戏的公司所在地

47. 2011/2/23/单

美国人杰克与香港居民赵某在内地私藏枪支、弹药,公安人员查缉枪支、弹药时,赵某以暴力方法阻碍公安人员依法执行职务。下列哪一说法是正确的?②

A. 全案由犯罪地的基层法院审判,因为私藏枪支、弹药罪和妨碍公务罪都不属于可能判处无期徒刑以上刑罚的案件
B. 杰克由犯罪地中级法院审判,赵某由犯罪地的基层法院审判
C. 杰克由犯罪地中级法院审判,赵某由中级法院根据具体案件情况而决定是否交由基层法院审判
D. 全案由犯罪地的中级法院审判

48. 2006/2/25/单

王某担任甲省副省长期间受贿50多万元,有关法院指定乙省W市中级人民法院管辖。该项指定应当由下列哪一法院作出?③

A. 甲省高级人民法院
B. 乙省高级人民法院
C. W市中级人民法院
D. 最高人民法院

49. 2006/2/66/多

甲非法拘禁乙于某市A区,后又用汽车经该市B区、C区,将乙转移到D区继续拘禁。对丁甲所涉非法拘禁案,下列哪些法院依法享有管辖权?④

A. A区法院 B. B区法院
C. C区法院 D. D区法院

---

① ABCD ② A ③ D ④ ABCD

· 15 ·

刷题表	时 间	题号	一刷	二刷	题号	一刷	二刷	题号	一刷	二刷	题号	一刷	二刷

考点14 特殊情况的管辖

50． 2021 回忆/多

我国某省居民姜某乘船从甲市出发前往乙市,在船途经丙市水域时,姜某在船上厕所拍摄淫秽视频。后船到达乙市后,姜某又乘车前往丁市,在丁市网上传播淫秽视频。该船均在我国水域航行。下列哪些法院具有管辖权?①

A. 甲市人民法院　　　　　B. 乙市人民法院
C. 丙市人民法院　　　　　D. 丁市人民法院

51． 2018 回忆/多

甲、乙为A市人,2018年2月一同赴斯里兰卡务工。甲、乙经过协商,在斯里兰卡通过微信的方式对住在B市的朋友丙进行敲诈勒索,丙向甲和乙各转账了10万元。丙的家人得知后报警,B市某区公安机关对甲、乙立案侦查。一年后,甲从C市回国并居住于D市,乙从E市回国并定居。下列哪些法院对本案具有管辖权?②

A. A市法院　　　　　B. C市法院
C. D市法院　　　　　D. E市法院

52． 2016/2/92/任

甲、乙(户籍地均为M省A市)共同运营一条登记注册于A市的远洋渔船。某次在公海捕鱼时,甲乙二人共谋杀害了与他们素有嫌隙的水手丙。该船回国后首泊于M省B市港口以作休整,然后再航行至A市。从B市起航后,在途经M省C市航行至A市过程中,甲因害怕乙投案自首一直将乙捆绑拘禁于船舱。该船于A市靠岸后案发。

关于本案管辖,下列选项正确的是:③

A. 故意杀人案和非法拘禁案应分别由中级法院和基层法院审理
B. A市和C市对非法拘禁案有管辖权
C. B市中级法院对故意杀人案有管辖权
D. A市中级法院对故意杀人案有管辖权

53． 2008/2/21/单

张某,甲市人,中国乙市远洋运输公司"黎明号"货轮船员。"黎

---

① BCD　② ABD　③ BC

刷题表	时 间	题号	一刷	二刷	题号	一刷	二刷	题号	一刷	二刷	题号	一刷	二刷

明号"航行在公海时,张某因与另一船员李某发生口角将其打成重伤。货轮返回中国首泊丙市港口时,张某趁机潜逃,后在丁市被抓获。该案应当由下列哪一法院行使管辖权?①

A. 甲市法院　　　　　B. 乙市法院
C. 丙市法院　　　　　D. 丁市法院

专题五　回　避

考点15 回避的理由、种类与适用人员

54. 2022回忆/单

张某涉嫌诈骗一案由甲市乙县法院审理,法官王某担任审判长,林某担任书记员。一审判决张某有期徒刑5年,张某以事实不清为由提起上诉。二审由甲市中院审理,法官赵某担任审判长,后裁定发回重审。重审期间,王某被任命为乙县法院的专职审委会委员。该案经合议庭报请审委会讨论后,改判张某有期徒刑4年,张某不服再次上诉。下列哪一说法是正确的?②

A. 二审法院应当开庭审理
B. 该案被发回重审后,林某不能继续担任该案的书记员
C. 王某不能参与审委会对该案的讨论
D. 张某再次提起上诉后,赵某不能作为该案的审判长

55. 2017/2/24/单

齐某在A市B区利用网络捏造和散布虚假事实,宣称刘某系当地黑社会组织"大哥",A市中级法院院长王某为其"保护伞"。刘某以齐某诽谤为由,向B区法院提起自诉。关于本案处理,下列哪一选项是正确的?③

A. B区法院可以该案涉及王某为由裁定不予受理
B. B区法院受理该案后应请求上级法院指定管辖
C. B区法院受理该案后,王某应自行回避
D. 齐某可申请A市中级法院及其下辖的所有基层法院法官整体回避

56. 2015/2/68/多

未成年人小付涉嫌故意伤害袁某,袁某向法院提起自诉。小付的

① C　② C　③ B

父亲委托律师黄某担任辩护人,袁某委托其在法学院上学的儿子担任诉讼代理人。本案中,下列哪些人有权要求审判人员回避?①

A. 黄某
B. 袁某
C. 袁某的儿子
D. 小付的父亲

57. 2014/2/67/多

林某盗版销售著名作家黄某的小说涉嫌侵犯著作权罪,经一审和二审后,二审法院裁定撤销原判,发回原审法院重新审判。关于该案的回避,下列哪些选项是正确的?②

A. 一审法院审判委员会委员甲系林某辩护人妻子的弟弟,黄某的代理律师可申请其回避
B. 一审书记员乙系林某的表弟而未回避,二审法院可以此为由裁定发回原审法院重审
C. 一审合议庭审判长丙系黄某的忠实读者,应当回避
D. 丁系二审合议庭成员,如果林某对一审法院重新审判作出的裁判不服再次上诉至二审法院,丁应当自行回避

考点16 回避的程序

58. 2013/2/28/单

法院审理过程中,被告人赵某在最后陈述时,以审判长数次打断其发言为理由申请更换审判长。对于这一申请,下列哪一说法是正确的?③

A. 赵某的申请理由不符合法律规定,法院院长应当驳回申请
B. 赵某在法庭调查前没有申请回避,法院院长应当驳回申请
C. 如法院作出驳回申请的决定,赵某可以在决定作出后五日内向上级法院提出上诉
D. 如法院作出驳回申请的决定,赵某可以向上级法院申请复议一次

59. 2011/2/24/单 新法改编

郭某(16岁)与罗某发生争执,被打成轻伤,遂向法院提起自诉。法庭审理中,罗某提出,审判员李某曾在开庭前违反规定与自诉人父亲及姐姐会见,要求李某回避,但郭某父亲及姐姐均否认此事。法院院长经过审查作出李某回避的决定。下列何人有权要求对回避决定进行复议?④

---

① ABCD ② AB ③ A ④ D

A. 郭某　　　　　　　　　　B. 郭某父亲
C. 李某　　　　　　　　　　D. 均无权复议

60. 2010/2/21/单

甲涉嫌刑讯逼供罪被立案侦查。甲以该案侦查人员王某与被害人存在近亲属关系为由,提出回避申请。对此,下列哪一选项是错误的?①

A. 王某可以口头提出自行回避的申请
B. 作出回避决定以前,王某不能停止案件的侦查工作
C. 王某的回避由公安机关负责人决定
D. 如甲的回避申请被驳回,甲有权申请复议一次

61. 2007/2/34/单

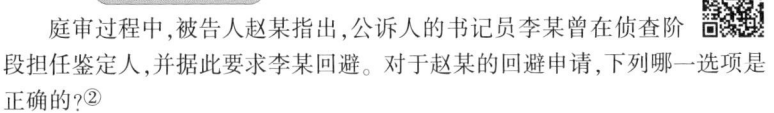

庭审过程中,被告人赵某指出,公诉人的书记员李某曾在侦查阶段担任鉴定人,并据此要求李某回避。对于赵某的回避申请,下列哪一选项是正确的?②

A. 法庭应以不属于法定回避情形为由当庭驳回
B. 法庭应以符合法定回避情形为由当庭作出回避决定
C. 李某应否回避需提交法院院长决定
D. 李某应否回避需提交检察院检察长决定

专题六　辩护与代理

考点17　有效辩护原则

62. 2015/2/69/多

关于有效辩护原则,下列哪些理解是正确的?③

A. 有效辩护原则的确立有助于实现控辩平等对抗
B. 有效辩护是一项主要适用于审判阶段的原则,但侦查、审查起诉阶段对辩护人权利的保障是审判阶段实现有效辩护的前提
C. 根据有效辩护原则的要求,法庭审理过程中一般不应限制被告人及其辩护人发言的时间
D. 指派没有刑事辩护经验的律师为可能被判处无期徒刑、死刑的被告人提供法律援助,有违有效辩护原则

---

① C　② D　③ ACD

考点18 辩护的种类

63. 2013/2/38/单

在法庭审判中,被告人翻供,否认犯罪,并当庭拒绝律师为其进行有罪辩护。合议庭对此问题的处理,下列哪一选项是正确的?①

A. 被告人有权拒绝辩护人辩护,合议庭应当准许
B. 辩护律师独立辩护,不受当事人意思表示的约束,合议庭不应当准许拒绝辩护
C. 属于应当提供法律援助的情形,合议庭不应当准许拒绝辩护
D. 有多名被告人的案件,部分被告人拒绝辩护人辩护的,合议庭不应当准许

64. 2008/2/26/单

关于辩护,下列哪一选项是正确的?②

A. 被告人王某在犯罪时17周岁,在审判时已满18周岁,法院应当为其指定辩护人
B. 被告人李某可能被判处死刑,在审判时法院为其指定辩护人。在法庭审理过程中,李某当庭拒绝指定的辩护人为其辩护,法院另行为其指定辩护人。在重新开庭审理后,李某再次拒绝法庭为其指定的辩护人,合议庭不予准许
C. 法院为外籍被告人汤姆(25周岁)指定了辩护人,在法庭审理过程中,汤姆拒绝法院为其指定的辩护人,提出自行委托辩护人,法庭准许后,汤姆自行委托了辩护人。再次开庭审理后,汤姆再次拒绝辩护人为其辩护,要求另行委托辩护人,合议庭不予准许
D. 被告人当庭拒绝辩护人为其辩护的,法庭应当允许,宣布延期审理。延期审理的期限为十日,准备辩护时间计入审限

考点19 辩护人的诉讼地位

65. 2007/2/66/多

关于律师担任刑事案件被告人的辩护人,下列哪些选项是正确的?③

A. 辩护人不是被告人的代言人
B. 辩护人应当维护被告人的合法权益

---

① A ② B ③ ABD

C. 辩护人须按照被告人的要求作无罪辩护

D. 辩护人有权独立发表辩护意见

考点20 辩护人的范围

66． 2016/2/25/单

法官齐某从 A 县法院辞职后，在其妻洪某开办的律师事务所从业。关于齐某与洪某的辩护人资格，下列哪一选项是正确的？①

A. 齐某不得担任 A 县法院审理案件的辩护人

B. 齐某和洪某不得分别担任同案犯罪嫌疑人的辩护人

C. 齐某和洪某不得同时担任同一犯罪嫌疑人的辩护人

D. 洪某可以律师身份担任 A 县法院审理案件的辩护人

67． 2013/2/29/单

鲁某与洪某共同犯罪，洪某在逃。沈律师为鲁某担任辩护人。案件判决生效三年后，洪某被抓获并被起诉。关于沈律师可否担任洪某辩护人，下列哪一说法是正确的？②

A. 沈律师不得担任洪某辩护人

B. 如果洪某系法律援助对象，沈律师可以担任洪某辩护人

C. 如果被告人洪某同意，沈律师可以担任洪某辩护人

D. 如果公诉人未提出异议，沈律师可以担任洪某辩护人

68． 2009/2/23/单

郭某涉嫌招摇撞骗罪。在检察机关审查起诉时，郭某希望委托辩护人。下列哪一人员可以被委托担任郭某的辩护人？③

A. 郭某的爷爷，美籍华人

B. 郭某的儿子，16 岁

C. 郭某的朋友甲，曾为郭某招摇撞骗伪造国家机关证件

D. 郭某的朋友乙，司法行政部门负责人

考点21 辩护人的诉讼权利和诉讼义务

69． 2017/2/25/单

成年人钱甲教唆未成年人小沈实施诈骗犯罪，钱甲委托其在邻市

① D ② A ③ D

检察院担任检察官助理的哥哥钱乙担任辩护人,小沈由法律援助律师武某担任辩护人。关于本案处理,下列哪一选项是正确的?①

A. 钱甲被拘留后,钱乙可为其申请取保候审
B. 本案移送审查起诉时,公安机关应将案件移送情况告知钱乙
C. 检察院讯问小沈时,武某可在场
D. 如检察院对钱甲和小沈分案起诉,法院可并案审理

70. 2016/2/26/单

郭某涉嫌参加恐怖组织罪被逮捕,随后委托律师姜某担任辩护人。关于姜某履行辩护职责,下列哪一选项是正确的?②

A. 姜某到看守所会见郭某时,可带1至2名律师助理协助会见
B. 看守所可对姜某与郭某的往来信件进行必要的检查,但不得截留、复制
C. 姜某申请法院收集、调取证据而法院不同意的,法院应书面说明不同意的理由
D. 法庭审理中姜某作无罪辩护的,也可当庭对郭某从轻量刑的问题发表辩护意见

71. 2016/2/27/单

根据《刑事诉讼法》的规定,辩护律师收集到的下列哪一证据应及时告知公安机关、检察院?③

A. 强奸案中被害人系精神病人的证据
B. 故意伤害案中犯罪嫌疑人系正当防卫的证据
C. 投放危险物质案中犯罪嫌疑人案发时在外地出差的证据
D. 制造毒品案中犯罪嫌疑人犯罪时刚满16周岁的证据

72. 2012/2/25/单

关于辩护律师在刑事诉讼中享有的权利和承担的义务,下列哪一说法是正确的?④

A. 在侦查期间可以向犯罪嫌疑人核实证据
B. 会见在押的犯罪嫌疑人、被告人,可以了解案件有关情况
C. 收集到的有利于犯罪嫌疑人的证据,均应及时告知公安机关、检察院
D. 在执业活动中知悉犯罪嫌疑人、被告人曾经实施犯罪的,应及时告知

① A ② D ③ C ④ B

司法机关

73. 2011/2/64/多

关于犯罪嫌疑人、被告人有权获得辩护原则,下列哪些说法是正确的?①

A. 在任何情况下,对任何犯罪嫌疑人、被告人都不得以任何理由限制或者剥夺其辩护权

B. 辩护权是犯罪嫌疑人、被告人最基本的诉讼权利,有关机关应当为每个犯罪嫌疑人、被告人免费提供律师帮助

C. 为保障辩护权,任何机关都有为犯罪嫌疑人、被告人提供辩护帮助的义务

D. 辩护不应当仅是形式上的,而且应当是实质意义上的

74. 2006/2/67/多

犯罪嫌疑人甲委托其弟乙作为自己的辩护人。在审查起诉阶段,乙享有哪些诉讼权利?②

A. 甲被超期羁押时,有权要求解除强制措施

B. 申请检察人员回避

C. 向检察机关陈述辩护意见

D. 经被害人同意,向其收集与本案有关的材料

考点22 值班律师制度

75. 2023回忆/单

秦某因涉嫌运输毒品罪被批准逮捕,未委托辩护人。审查起诉期间,值班律师彭某为秦某提供法律帮助。关于本案的处理,下列哪一选项是正确的?③

A. 即使秦某未约见彭某,彭某也可经办案机关许可主动会见秦某

B. 即使秦某自愿认罪认罚,彭某也可以量刑建议过重为由拒绝在具结书上签字

C. 为了彭某的安全,办案机关可在彭某会见秦某时安排人员在场

D. 检察院应准许彭某查阅、摘抄、复制案卷材料

---

① AD ② ABC(原答案为AC) ③ A

76. 2020回忆/单

下列关于值班律师的哪一项表述是正确的?①

A. 值班律师依法享有会见权、阅卷权以及提出建议权
B. 值班律师为犯罪嫌疑人、被告人提供法律咨询是辩护权的体现
C. 值班律师可以出庭为被告人发表对案件的看法
D. 犯罪嫌疑人、被告人拒绝认罪认罚的案件不适用值班律师制度

77. 2019回忆/多

甲、乙两人聚众斗殴均被提起公诉,需要值班律师提供法律帮助。以下关于值班律师的说法哪些是正确的?②

A. 审查起诉阶段,甲认罪认罚需要值班律师提供法律咨询,值班律师要求阅卷的,检察院应当准许
B. 甲在值班律师在场时签署了认罪认罚具结书,然后自行聘请了辩护人,值班律师在场签订的认罪认罚具结书自动失效
C. 审查起诉阶段,犯罪嫌疑人认罪认罚的,人民检察院应当听取值班律师意见
D. 一名值班律师能同时为甲、乙两名犯罪嫌疑人提供法律咨询

考点23 刑事代理

78. 2012/2/24/单

关于诉讼代理人参加刑事诉讼,下列哪一说法是正确的?③

A. 诉讼代理人的权限依据法律规定而设定
B. 除非法律有明文规定,诉讼代理人也享有被代理人享有的诉讼权利
C. 诉讼代理人应当承担被代理人依法负有的义务
D. 诉讼代理人的职责是帮助被代理人行使诉讼权利

79. 2010/2/22/单

在张某故意毁坏李某汽车案中,张某聘请赵律师为辩护人,李某聘请孙律师为诉讼代理人。关于该案辩护人和诉讼代理人,下列哪一选项是正确的?④

A. 赵律师、孙律师均自案件移送审查起诉之日起方可接受委托担任辩护人、诉讼代理人

---

① A ② ACD ③ D ④ B(原答案为A)

B. 赵律师、孙律师均有权申请该案的审判人员和公诉人员回避
C. 赵律师可在审判中向张某发问,孙律师无权向张某发问
D. 赵律师应以张某的意见作为辩护意见,孙律师应以李某的意见为代理意见

80. 2009/2/67/多

关于刑事诉讼法定代理人与诉讼代理人的区别,下列哪些选项是正确的?①

A. 法定代理人基于法律规定或法定程序产生,诉讼代理人基于被代理人委托产生
B. 法定代理人的权利源于法律授权,诉讼代理人的权利源于委托协议授权
C. 法定代理人可以违背被代理人的意志进行诉讼活动,诉讼代理人的代理活动不得违背被代理人的意志
D. 法定代理人可以代替被代理人陈述案情,诉讼代理人不能代替被代理人陈述案情

81. 2008/2/27/单

根据《刑事诉讼法》的规定,下列何人有权委托诉讼代理人?②

A. 涉嫌强奸罪被告人的父亲
B. 抢劫案被害人的胞妹
C. 伤害案中附带民事被告人的胞弟
D. 虐待案自诉人的胞妹

专题七 刑事证据

考点24 证据的基本属性

82. 2014/2/27/单

关于证据的关联性,下列哪一选项是正确的?③

A. 关联性仅指证据事实与案件事实之间具有因果关系
B. 具有关联性的证据即具有可采性
C. 证据与待证事实的关联度决定证据证明力的大小

---

① ABC ② B ③ C

D. 类似行为一般具有关联性

考点 25 刑事证据规则

83. 〔2020 回忆/多〕
下列哪些行为属于非法取证,应当依法予以排除?①
A. 甲侦查人员询问女证人,以公开其隐私相威胁,证人因担心隐私被公开造成家庭矛盾被迫提供证言
B. 乙侦查人员首次讯问犯罪嫌疑人时通过暴力方式获取了供述,第二次讯问时没有采用暴力方式,犯罪嫌疑人作出了同样的供述
C. 丙侦查人员对犯罪嫌疑人连续讯问 25 小时,但期间保持其正常饮食
D. 丁侦查人员威胁犯罪嫌疑人不如实供述就让他正在准备高考的儿子作为证人接受询问,犯罪嫌疑人担心影响其儿子考试作出的供述

84. 〔2017/2/26/单〕
下列哪一证据规则属于调整证据证明力的规则?②
A. 传闻证据规则
B. 非法证据排除规则
C. 关联性规则
D. 意见证据规则

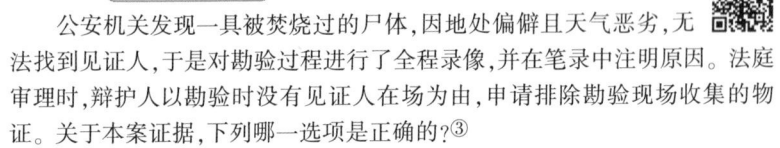

85. 〔2016/2/29/单〕
公安机关发现一具被焚烧过的尸体,因地处偏僻且天气恶劣,无法找到见证人,于是对勘验过程进行了全程录像,并在笔录中注明原因。法庭审理时,辩护人以勘验时没有见证人在场为由,申请排除勘验现场收集的物证。关于本案证据,下列哪一选项是正确的?③
A. 因违反取证程序的一般规定,应当排除
B. 应予以补正或者作出合理解释,否则予以排除
C. 不仅物证应当排除,对物证的鉴定意见等衍生证据也应排除
D. 有勘验过程全程录像并在笔录中已注明理由,不予排除

86. 〔2015/2/26/单〕
下列哪一选项属于传闻证据?④

---

① ABC ② C ③ D ④ B

A. 甲作为专家辅助人在法庭上就一起伤害案的鉴定意见提出的意见
B. 乙了解案件情况但因重病无法出庭,法官自行前往调查核实的证人证言
C. 丙作为技术人员"就证明讯问过程合法性的同步录音录像是否经过剪辑"在法庭上所作的说明
D. 丁曾路过发生杀人案的院子,其开庭审理时所作的"当时看到一个人从那里走出来,好像喝了许多酒"的证言

87. 2014/2/28/单

下列哪一选项所列举的证据属于补强证据?①
A. 证明讯问过程合法的同步录像材料
B. 证明获取被告人口供过程合法,经侦查人员签名并加盖公章的书面说明材料
C. 根据被告人供述提取到的隐蔽性极强、并能与被告人供述和其他证据相印证的物证
D. 对与被告人有利害冲突的证人所作的不利被告人的证言的真实性进行佐证的书证

88. 2014/2/93/任

赵某、石某抢劫杀害李某,被路过的王某、张某看见并报案。赵某、石某被抓获后,2名侦查人员负责组织辨认。关于辨认笔录的审查与认定,下列选项正确的是:②
A. 如对尸体的辨认过程没有录像,则辨认结果不得作为定案证据
B. 如侦查人员组织辨认时没有见证人在场,则辨认结果不得作为定案的根据
C. 如在辨认前没有详细向辨认人询问被辨认对象的具体特征,则辨认结果不得作为定案证据
D. 如对赵某的辨认只有笔录,没有赵某的照片,无法获悉辨认真实情况的,也可补正或进行合理解释

89. 2013/2/68/多

在法庭审理过程中,被告人屠某、沈某和证人朱某提出在侦查期间遭到非法取证,要求确认其审前供述或证言不具备证据能力。下列哪些情

---

① D ② D

形下应当根据法律规定排除上述证据?①
- A. 将屠某"大"字型吊铐在窗户的铁栏杆上,双脚离地
- B. 对沈某进行引诱,说"讲了就可以回去"
- C. 对沈某进行威胁,说"不讲就把你老婆一起抓进来"
- D. 对朱某进行威胁,说"不配合我们的工作就把你关进来"

90. 2012/2/27/单

关于辨认程序不符合有关规定,经补正或者作出合理解释后,辨认笔录可以作为证据使用的情形,下列哪一选项是正确的?②
- A. 辨认前使辨认人见到辨认对象的
- B. 供辨认的对象数量不符合规定的
- C. 案卷中只有辨认笔录,没有被辨认对象的照片、录像等资料,无法获悉辨认的真实情况的
- D. 辨认活动没有个别进行的

91. 2012/2/28/单

下列哪一选项表明我国基本确立了自白任意性规则?③
- A. 侦查人员在讯问犯罪嫌疑人的时候,可以对讯问过程进行录音或者录像
- B. 不得强迫任何人证实自己有罪
- C. 逮捕后应当立即将被逮捕人送交看守所羁押
- D. 不得以连续拘传的方式变相拘禁犯罪嫌疑人、被告人

92. 2012/2/40/单

关于补强证据,下列哪一说法是正确的?④
- A. 应当具有证据能力
- B. 可以和被补强证据来源相同
- C. 对整个待证事实有证明作用
- D. 应当是物证或者书证

93. 2012/2/42/单

关于证人证言的收集程序和方式存在瑕疵,经补正或者作出合理解释后,可以作为证据使用的情形,下列哪一选项是正确的?⑤

---

① AD ② C ③ B ④ A ⑤ B

刷题表	时 间	题号	一刷	二刷	题号	一刷	二刷	题号	一刷	二刷	题号	一刷	二刷

A. 询问证人时没有个别进行的
B. 询问笔录反映出在同一时间内,同一询问人员询问不同证人的
C. 询问聋哑人时应当提供翻译而未提供的
D. 没有经证人核对确认并签名(盖章)、捺指印的

94． 2012/2/67/多
关于非法证据的排除,下列哪些说法是正确的?①
A. 非法证据排除的程序,可以根据当事人等申请而启动,也可以由法庭依职权启动
B. 申请排除以非法方法收集的证据的,应当提供相关线索或者材料
C. 检察院应当对证据收集的合法性加以证明
D. 只有确认存在《刑事诉讼法》第54条规定的以非法方法收集证据情形时,才可以对有关证据应当予以排除

95． 2011/2/26/单
"证人猜测性、评论性、推断性的证言,不能作为证据使用",系下列哪一证据规则的要求?②
A. 传闻证据规则　　　　B. 意见证据规则
C. 补强证据规则　　　　D. 最佳证据规则

考点26 刑事证据的种类

96． 2022回忆/多
因罗某涉嫌重大毒品犯罪,公安机关决定对其采取技术侦查。该案侦查终结后起诉至法院。审理期间,法院依职权通知鉴定人佟某、曾某出庭作证。关于本案的处理,下列哪些说法是正确的?③
A. 检察院应将通过技术侦查所获得的电子数据的原始介质移送至法院
B. 法院可以在庭外核实通过技术侦查获得的电子数据
C. 如佟某不到庭,法院审查后可以将其出具的鉴定意见作为定案的根据
D. 对出庭的鉴定人曾某的询问,发问顺序应由审判长决定

97． 2017/2/92/任
甲、乙二人系药材公司仓库保管员,涉嫌5次共同盗窃其保管的

---

① ABC　② B　③ BD

名贵药材,涉案金额40余万元。一审开庭审理时,药材公司法定代表人丙参加庭审。经审理,法院认定了其中4起盗窃事实,另1起因证据不足未予认定,甲和乙以职务侵占罪分别被判处有期徒刑3年和1年。

关于本案证据,下列选项正确的是:①
A. 侦查机关制作的失窃药材清单是书证
B. 为查实销赃情况而从通信公司调取的通话记录清单是书证
C. 甲将部分销赃所得10万元存入某银行的存折是物证
D. 因部分失窃药材不宜保存而在法庭上出示的药材照片是物证

98. 2010/2/23/单

法院审理一起受贿案时,被告人石某称因侦查人员刑讯不得已承认犯罪事实,并讲述受到刑讯的具体时间。检察机关为证明侦查讯问程序合法,当庭播放了有关讯问的录音录像,并提交了书面说明。关于该录音录像的证据种类,下列哪一选项是正确的?②
A. 犯罪嫌疑人供述和辩解
B. 视听资料
C. 书证
D. 物证

99. 2009/2/24/单

张某、李某共同抢劫被抓获。张某下列哪一陈述属于证人证言?③
A. 我确实参加了抢劫银行
B. 李某逼我去抢的
C. 李某策划了整个抢劫,抢的钱他拿走了一大半
D. 李某在这次抢劫前还杀了赵某

100. 2009/2/69/多

关于证人与鉴定人的共同特征,下列哪些选项是正确的?④
A. 是当事人以外的人
B. 与案件或案件当事人没有利害关系
C. 具有不可替代性
D. 有义务出席法庭接受控辩双方询问

① **BD**(原答案为B) ② B ③ D ④ AD

刷题表	时 间	题号	一刷	二刷	题号	一刷	二刷	题号	一刷	二刷	题号	一刷	二刷

101． 2008/2/30/单

某银行被盗,侦查机关将沈某确定为犯罪嫌疑人。在进行警犬辨认时,一"功勋警犬"在发案银行四处闻了闻后,猛地扑向沈某。随后,侦查人员又对沈某进行心理测试,测试结论显示,只要犯罪嫌疑人说没偷,测谎仪就显示其撒谎。关于可否作为认定案件事实的根据,下列哪一选项是正确的？①

A. 警犬辨认和心理测试结论均可以
B. 警犬辨认可以,心理测试结论不可以
C. 警犬辨认不可以,心理测试结论可以
D. 警犬辨认和心理测试结论均不可以

102． 2005/2/69/多

下列哪些证据属于书证？②

A. 某强奸案,在犯罪嫌疑人住处收集的笔记本,其中记载着其作案经过及对被害人的描述
B. 某贪污案,为查明账册涂改人而进行鉴定的笔迹
C. 某故意伤害案,证人书写的书面证词
D. 某走私淫秽物品案,犯罪嫌疑人非法携带的淫秽书刊

103． 2003/2/63/多

童某涉嫌故意杀人案,有下列几种证据,其中属于书证的有哪些？③

A. 受指派的精神病医院为其开具的精神情况的诊断结论
B. 案发现场找到的童某写的一封尚未邮寄出去的家信,通过对信上的笔迹鉴定,找到了犯罪嫌疑人童某
C. 童某单位开具的关于童某一贯表现的证明
D. 被害人临死之前在地上写下的一组数字,通过数字查到了童某的门房号码

考点27 刑事证据的分类

104． 2022回忆/单

甲手写并复印了多份恐吓信敲诈乙,后案发,甲被逮捕。在讯问

① D ② AD ③ CD

时,甲供述了自己敲诈勒索的过程,乙向公安机关提交了自己书写的关于被敲诈的情况说明。甲在看守所羁押期间把自己作案的过程告诉了同监室的丙,丙向看守所管理人员举报了甲。对此,下列哪一说法是正确的?①

A. 甲复印的恐吓信是传来证据
B. 乙提交的情况说明是传闻证据
C. 恐吓信是言词证据
D. 丙的证言可以对甲的口供补强

105. 2016/2/67/多

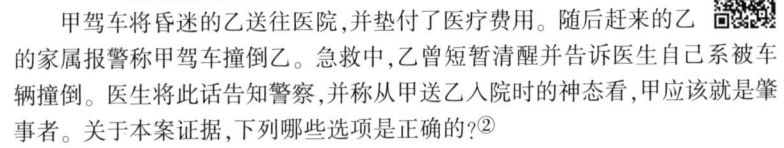

甲驾车将昏迷的乙送往医院,并垫付了医疗费用。随后赶来的乙的家属报警称甲驾车撞倒乙。急救中,乙曾短暂清醒并告诉医生自己系被车辆撞倒。医生将此话告知警察,并称从甲送乙入院时的神态看,甲应该就是肇事者。关于本案证据,下列哪些选项是正确的?②

A. 甲垫付医疗费的行为与交通肇事不具有关联性
B. 乙告知医生"自己系被车辆撞倒"属于直接证据
C. 医生基于之前乙的陈述,告知警察乙系被车辆撞倒,属于传来证据
D. 医生认为甲是肇事者的证词属于符合一般生活经验的推断性证言,可作为定案依据

106. 2015/2/25/单

甲涉嫌盗窃室友乙存放在储物柜中的笔记本电脑一台并转卖他人,但甲辩称该电脑系其本人所有,只是暂存于乙处。下列哪一选项既属于原始证据,又属于直接证据?③

A. 侦查人员在乙储物柜的把手上提取的甲的一枚指纹
B. 侦查人员在室友丙手机中直接提取的视频,内容为丙偶然拍下的甲打开储物柜取走电脑的过程
C. 室友丁的证言,内容是曾看到甲将一台相同的笔记本电脑交给乙保管
D. 甲转卖电脑时出具的现金收条

107. 2011/2/25/单

张某伪造、变造国家机关公文、证件、印章案的下列哪一证据既属于言词证据,又属于间接证据?④

A. 用于伪造、变造国家机关公文、证件、印章的设备、工具

---

① B ② AC ③ C ④ D

B. 伪造、变造的国家机关公文、证件、印章
C. 张某关于实施伪造、变造行为的供述
D. 判别国家机关公文、证件、印章真伪的鉴定意见

108. 2010/2/24/单
下列哪一选项既属于原始证据,又属于间接证据?①
A. 被告人丁某承认伤害被害人的供述
B. 证人王某陈述看到被告人丁某在案发现场擦拭手上血迹的证言
C. 证人李某陈述被害人向他讲过被告人丁某伤害她的经过
D. 被告人丁某精神病鉴定意见的抄本

109. 2008/2/35/单
甲致乙重伤,收集到下列证据,其中既属于直接证据,又属于原始证据的是哪一项?②
A. 有被害人血迹的匕首
B. 证人看到甲身上有血迹,从现场走出的证言
C. 匕首上留下的指印与甲的指纹同一的鉴定意见
D. 乙对甲伤害自己过程的陈述

110. 2008/2/74/多
下列哪些选项属于实物证据?③
A. 杀人案中现场勘验笔录
B. 贪污案中证明贪污数额的账册
C. 强奸案中证明被害人精神状态的鉴定意见
D. 伤害案中证明伤害发生过程情况的监控录像

考点28 证据的审查认定

111. 2017/2/96/任
某小学发生一起猥亵儿童案件,三年级女生甲向校长许某报称被老师杨某猥亵。许某报案后,侦查人员通过询问许某了解了甲向其陈述的被杨某猥亵的经过。侦查人员还通过询问甲了解到,另外两名女生乙和丙也可能被杨某猥亵,乙曾和甲谈到被杨某猥亵的经过,甲曾目睹杨某在课间猥亵丙。讯问杨某时,杨某否认实施猥亵行为,并表示他曾举报许某贪污,许某报

---

① B ② D ③ ABD

案是对他的打击报复。

关于本案证据,下列选项正确的是:①
A. 甲向公安机关反映的情况,既是被害人陈述,也是证人证言
B. 关于甲被猥亵的经过,许某的证言可作为甲陈述的补强证据
C. 关于乙被猥亵的经过,甲的证言属于传闻证据,不得作为定案的依据
D. 甲、乙、丙因年幼,其陈述或证言必须有其他证据印证才能采信

112. 2016/2/68/多

辩护律师在庭审中对控方证据提出异议,主张这些证据不得作为定案依据。对下列哪些证据的异议,法院应当予以支持?②
A. 因证人拒不到庭而无法当庭询问的证人证言
B. 被告人提供了有关刑讯逼供的线索及材料,但公诉人不能证明讯问合法的被告人庭前供述
C. 工商行政管理部门关于查处被告人非法交易行为时的询问笔录
D. 侦查人员在办案场所以外的地点询问被害人所获得的被害人陈述

113. 2016/2/95/任

甲女与乙男在某社交软件互加好友,手机网络聊天过程中,甲女多次向乙男发送暧昧言语和色情图片,表示可以提供有偿性服务。二人于酒店内见面后因价钱谈不拢而争吵,乙男强行将甲女留在房间内,并采用胁迫手段与其发生性关系。后甲女向公安机关报案,乙男则辩称双方系自愿发生性关系。

乙男提供了二人之前的网络聊天记录。关于这一网络聊天记录,下列选项正确的是:③
A. 属电子数据的一种
B. 必须随原始的聊天时使用的手机移送才能作为定案的依据
C. 只有经甲女核实认可后才能作为定案的依据
D. 因不具有关联性而不得作为本案定罪量刑的依据

114. 2015/2/23/单

关于证人证言与鉴定意见,下列哪一选项是正确的?④
A. 证人证言只能由自然人提供,鉴定意见可由单位出具
B. 生理上、精神上有缺陷的人有时可以提供证人证言,但不能出具鉴定意见

---

① A ② BC ③ A ④ D

C. 如控辩双方对证人证言和鉴定意见有异议的,相应证人和鉴定人均应出庭
D. 证人应出庭而不出庭的,其庭前证言仍可能作为证据;鉴定人应出庭而不出庭的,鉴定意见不得作为定案根据

115． 2014/2/29/单

关于鉴定人与鉴定意见,下列哪一选项是正确的?①
A. 经法院通知,鉴定人无正当理由拒不出庭,可由院长签发强制令强制其出庭
B. 鉴定人有正当理由无法出庭的,法院可中止审理,另行聘请鉴定人重新鉴定
C. 经辩护人申请而出庭的具有专门知识的人,可向鉴定人发问
D. 对鉴定意见的审查和认定,受到意见证据规则的规制

116． 2014/2/69/多

某地法院审理齐某组织、领导、参加黑社会性质组织罪,关于对作证人员的保护,下列哪些选项是正确的?②
A. 可指派专人对被害人甲的人身和住宅进行保护
B. 证人乙可申请不公开真实姓名、住址等个人信息
C. 法院通知侦查人员丙出庭说明讯问的合法性,为防止黑社会组织报复,对其采取不向被告人暴露外貌、真实声音的措施
D. 为保护警方卧底丁的人身安全,丁可不出庭作证,由审判人员在庭外核实丁的证言

117． 2012/2/72/多

关于证人出庭作证,下列哪些说法是正确的?③
A. 需要出庭作证的警察就其执行职务时目击的犯罪情况出庭作证,适用证人作证的规定
B. 警察就其非执行职务时目击的犯罪情况出庭作证,不适用证人作证的规定
C. 对了解案件情况的人,确有必要时,可以强制到庭作证
D. 证人没有正当理由拒绝出庭作证的,只有情节严重,才可以处以拘留,且拘留不可以超过 10 日

① C ② ABD ③ AD

刷题表	时 间	题号	一刷	二刷	题号	一刷	二刷	题号	一刷	二刷	题号	一刷	二刷

118. 2011/2/27/单

关于证据的审查判断,下列哪一说法是正确的?①

A. 被害人有生理缺陷,对案件事实的认知和表达存在一定困难,故其陈述在任何情况下都不得采信
B. 与被告人有利害冲突的证人提供的对被告人不利的证言,在任何情况下都不得采信
C. 公安机关制作的放火案的勘验、检查笔录没有见证人签名,一律不得采信
D. 搜查获得的杀人案凶器,未附搜查笔录,不能证明该凶器来源,一律不得采信

119. 2011/2/66/多

具有特定情形的下列哪些证据不能作为定案的根据?②

A. 视听资料的制作时间、地点存有异议,不能作出合理解释,也没有提供必要证明的
B. 在做 DNA 检测时送检材料与比对样本属于同一个来源的
C. 证人在犯罪现场听到被告人喊"给他点厉害瞧瞧"的陈述
D. 犯罪嫌疑人拒绝签名、盖章而由侦查人员在笔录上注明情况的讯问笔录

考点29 刑事诉讼证明

120. 2017/2/70/多

关于我国刑事诉讼的证明主体,下列哪些选项是正确的?③

A. 故意毁坏财物案中的附带民事诉讼原告人是证明主体
B. 侵占案中提起反诉的被告人是证明主体
C. 妨害公务案中就执行职务时目击的犯罪情况出庭作证的警察是证明主体
D. 证明主体都是刑事诉讼主体

121. 2016/2/30/单

关于《刑事诉讼法》规定的证明责任分担,下列哪一选项是正确的?④

---

① D ② AB(原答案为ABD) ③ ABD ④ D

A. 公诉案件中检察院负有证明被告人有罪的责任,证明被告人无罪的责任由被告方承担
B. 自诉案件的证明责任分配依据"谁主张,谁举证"的法则确定
C. 巨额财产来源不明案中,被告人承担说服责任
D. 非法持有枪支案中,被告人负有提出证据的责任

122． 2016/2/69/多
下列哪些选项属于刑事诉讼中的证明对象?①
A. 行贿案中,被告人知晓其谋取的系不正当利益的事实
B. 盗窃案中,被告人的亲友代为退赃的事实
C. 强奸案中,用于鉴定的体液检材是否被污染的事实
D. 侵占案中,自诉人申请期间恢复而提出的其突遭车祸的事实,且被告人和法官均无异议

123． 2011/2/74/多
关于死刑案件的证明对象的表述,下列哪些选项是正确的?②
A. 被指控的犯罪事实的发生
B. 被告人实施犯罪的时间、地点、手段、后果以及其他情节
C. 被害人有无过错及过错程度
D. 被告人的近亲属是否协助抓获被告人

124． 2010/2/25/单
甲乙两家曾因宅基地纠纷诉至法院,尽管有法院生效裁判,但甲乙两家关于宅基地的争议未得到根本解决。一日,甲、乙因各自车辆谁先过桥引发争执继而扭打,甲拿起车上的柴刀砍中乙颈部,乙当场死亡。对此,下列哪一选项是不需要用证据证明的免证事实?③
A. 甲的身份状况
B. 甲用柴刀砍乙颈部的时间、地点、手段、后果
C. 甲用柴刀砍乙颈部时精神失常
D. 法院就甲乙两家宅基地纠纷所作出的裁判事项

125． 2009/2/70/多
关于刑事诉讼中的证明责任,下列哪些选项是正确的?④
A. 总是与一定的积极诉讼主张相联系,否认一方不负证明责任

① AB ② ABCD ③ D ④ ABC

B. 总是与一定的不利诉讼后果相联系,受到不利裁判的不一定承担证明责任
C. 是提出证据责任与说服责任的统一,提出证据并非完全履行了证明责任
D. 是专属于控诉方独自承担的责任,具有一定的责任排他性

126． 2009/2/71/多

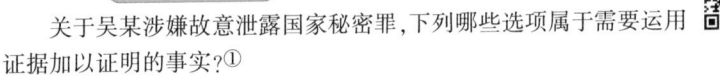

关于吴某涉嫌故意泄露国家秘密罪,下列哪些选项属于需要运用证据加以证明的事实?①

A. 吴某是否为国家机关工作人员
B. 是否存在为吴某所实施的被指控事实
C. 被指控事实是否情节严重
D. 是否具有法定或酌定从重、从轻、减轻及免除处罚的情节

127． 2008/2/32/单

下列案件能够作出有罪认定的是哪一选项?②

A. 甲供认自己强奸了乙,乙否认,该案没有其他证据
B. 甲指认乙强奸了自己,乙坚决否认,该案没有其他证据
C. 某单位资金 30 万元去向不明,会计说局长用了,局长说会计用了,该案没有其他证据
D. 甲乙二人没有通谋,各自埋伏,几乎同时向丙开枪,后查明丙身中一弹,甲乙对各自犯罪行为供认不讳,但收集到的证据无法查明这一枪到底是谁打中的

128． 2008/2/69/多

石某杀人后弃尸河中。在法庭审理中,对下列哪些事实不必提出证据证明?③

A. 被弃尸的河流从案发村镇穿过的事实
B. 刑法关于杀人罪的法律规定
C. 检察机关和石某都没有异议的案件基本事实
D. 石某的精神状态

129． 2005/2/97/任

关于我国刑事诉讼中证明责任的分担,下列说法正确的是:④

---

① ABCD ② D ③ AB ④ BD

A. 犯罪嫌疑人应当如实回答侦查人员的提问,承担证明自己无罪的责任
B. 自诉人对其控诉承担提供证据予以证明的责任
C. 律师进行无罪辩护时必须承担提供证据证明其主张成立的责任
D. 在巨额财产来源不明案中,检察机关应当证明国家工作人员的财产明显超过合法收入且差额巨大这一事实的存在

专题八 强制措施

考点30 强制措施适用的原则

130. 2019 回忆/多
下列关于强制措施性质的表述哪些是正确的?①
A. 对证据不足的犯罪嫌疑人不予逮捕,体现了强制措施的法定性原则
B. 对在住处监视居住的犯罪嫌疑人,发现可能妨碍侦查而采取指定居所监视居住,体现了比例原则
C. 侦查阶段认为被逮捕的犯罪嫌疑人社会危险性降低,决定释放犯罪嫌疑人,体现了变更性原则
D. 检察院为了更方便讯问犯罪嫌疑人而批准逮捕,体现了必要性原则

131. 2017/2/71/多
我国强制措施的适用应遵循变更性原则。下列哪些情形符合变更性原则的要求?②
A. 拘传期间因在身边发现犯罪证据而直接予以拘留
B. 犯罪嫌疑人在取保候审期间被发现另有其他罪行,要求其相应地增加保证金的数额
C. 犯罪嫌疑人在取保候审期间违反规定后对其先行拘留
D. 犯罪嫌疑人被羁押的案件,不能在法律规定的侦查羁押期限内办结的,予以释放

考点31 拘传

132. 2020 回忆/多
郑某因涉嫌盗窃被某区公安分局立案侦查,区公安分局对郑某采

---
① AC ② ACD

取拘传措施。对此,下列说法哪些是不正确的?①
- A. 某区公安分局对郑某采取拘传措施,需要经过上一级公安机关批准
- B. 某区公安分局在拘传郑某前需要先传唤郑某
- C. 某区公安分局如果需要对郑某采取取保候审措施,拘传时间可以延长至 24 小时
- D. 某区公安分局可以拘传郑某至指定的酒店进行讯问

133. 2012/2/66/多

关于拘传,下列哪些说法是正确的?②
- A. 对在现场发现的犯罪嫌疑人,经出示工作证件可以口头拘传,并在笔录中注明
- B. 拘传持续的时间不得超过 12 小时
- C. 案情特别重大、复杂,需要采取拘留、逮捕措施的,拘传持续的时间不得超过 24 小时
- D. 对于被拘传的犯罪嫌疑人,可以连续讯问 24 小时

134. 2008/2/28/单

关于法院可以决定对什么人采取拘传这一刑事强制措施,下列哪一选项是正确的?③
- A. 某公司涉嫌生产、销售伪劣产品罪,作为该公司诉讼代表人而拒不出庭的高某
- B. 抢夺案中非在押的被告人陈某
- C. 盗窃案中非在押的犯罪嫌疑人卢某
- D. 贿赂案中拒不出庭的证人李某

考点32 取保候审

135. 2023 回忆/单

居住在甲市的叶某在乙市旅行期间殴打韩某,致其轻伤。叶某被乙市公安机关立案侦查并取保候审。关于叶某的取保候审,下列哪一说法是正确的?④
- A. 叶某的取保候审应在乙市执行
- B. 公安机关应对叶某优先适用保证人保证
- C. 公安机关可要求叶某不得向韩某发送短信

---

① ABCD ② BC ③ B ④ C

D. 如公安机关对叶某撤销案件,取保候审自动解除

136. 2016/2/31/单

甲与邻居乙发生冲突致乙轻伤,甲被刑事拘留期间,甲的父亲代为与乙达成和解,公安机关决定对甲取保候审。关于甲在取保候审期间应遵守的义务,下列哪一选项是正确的?①

A. 将驾驶证件交执行机关保存
B. 不得与乙接触
C. 工作单位调动的,在 24 小时内报告执行机关
D. 未经公安机关批准,不得进入特定的娱乐场所

137. 2015/2/27/单

郭某涉嫌报复陷害申诉人蒋某,侦查机关因郭某可能毁灭证据将其拘留。在拘留期限即将届满时,因逮捕郭某的证据尚不充足,侦查机关责令其交纳 2 万元保证金取保候审。关于本案处理,下列哪一选项是正确的?②

A. 取保候审由本案侦查机关执行
B. 如郭某表示无力全额交纳保证金,可降低保证金数额,同时责令其提出保证人
C. 可要求郭某在取保候审期间不得进入蒋某居住的小区
D. 应要求郭某在取保候审期间不得变更住址

138. 2014/2/30/单

未成年人郭某涉嫌犯罪被检察院批准逮捕。在审查起诉中,经羁押必要性审查,拟变更为取保候审并适用保证人保证。关于保证人,下列哪一选项是正确的?③

A. 可由郭某的父亲担任保证人,并由其交纳 1000 元保证金
B. 可要求郭某的父亲和母亲同时担任保证人
C. 如果保证人协助郭某逃匿,应当依法追究保证人的刑事责任,并要求其承担相应的民事连带赔偿责任
D. 保证人未履行保证义务应处罚款的,由检察院决定

139. 2013/2/31/单

关于取保候审的程序限制,下列哪一选项是正确的?④

① C ② C ③ B ④ C

A. 保证金应当由决定机关统一收取,存入指定银行的专门账户
B. 对于可能判处徒刑以上刑罚的,不得采取取保候审措施
C. 对同一犯罪嫌疑人不得同时使用保证金担保和保证人担保两种方式
D. 对违反取保候审规定,需要予以逮捕的,不得对犯罪嫌疑人、被告人先行拘留

140． 2010/2/68/多
关于被法院决定取保候审的被告人在取保候审期间应当遵守的法定义务,下列哪些选项是正确的?①
A. 未经法院批准不得离开所居住的市、县
B. 未经公安机关批准不得会见他人
C. 在传讯的时候及时到案
D. 不得以任何形式干扰证人作证

141． 2009/2/72/多
甲涉嫌盗窃罪被逮捕。甲父为其申请取保候审,公安机关要求甲父交纳10万元保证金。甲父请求减少保证金的数额。公安机关在确定保证金数额时应当考虑下列哪些情况?②
A. 当地经济水平落后
B. 甲和甲父靠种地为生且无其他收入,生活贫困
C. 甲只偷他人一头牛,可能判处的刑罚不重
D. 甲无前科,社会危险性小,妨碍诉讼可能性小

142． 2008/2/33/单
甲将潜艇的部署情况非法提供给一外国著名军事杂志。在审判过程中,法院决定对其取保候审。关于对甲取保候审的执行机关,下列哪一选项是正确的?③
A. 法院　　　　　　　　B. 公安机关
C. 军队保卫部门　　　　D. 国家安全机关

考点33　监视居住

143． 2019回忆/多
高某从某市甲区邮寄毒品给乙区的许某,许某在乙区与宋某交易

---
① CD　② BCD(原答案为ABCD)　③ D

时被当场抓获。关于本案的诉讼程序,下列哪些说法是正确的?①
  A. 乙区公安机关拘留许某 2 天后通知了许某的家属
  B. 乙区公安机关通知甲区公安机关协助抓捕甲区的高某
  C. 经宋某同意并带领,公安机关没有搜查证对其住处进行搜查
  D. 公安机关查封宋某的唯一住所后,可以对其指定居所监视居住

144. 2012/2/68/多
在符合逮捕条件时,对下列哪些人员可以适用监视居住措施?②
  A. 甲患有严重疾病、生活不能自理
  B. 乙正在哺乳自己婴儿
  C. 丙系生活不能自理的人的唯一扶养人
  D. 丁系聋哑人

考点34 拘留

145. 2015/2/28/单
章某涉嫌故意伤害致人死亡,因犯罪后企图逃跑被公安机关先行拘留。关于本案程序,下列哪一选项是正确的?③
  A. 拘留章某时,必须出示拘留证
  B. 拘留章某后,应在 12 小时内将其送看守所羁押
  C. 拘留后对章某的所有讯问都必须在看守所内进行
  D. 因怀疑章某携带管制刀具,拘留时公安机关无需搜查证即可搜查其身体

146. 2012/2/29/单
甲涉嫌黑社会性质组织犯罪,10 月 5 日上午 10 时被刑事拘留。下列哪一处置是违法的?④
  A. 甲于当月 6 日上午 10 时前被送至看守所羁押
  B. 甲涉嫌黑社会性质组织犯罪,因考虑通知家属有碍进一步侦查,决定暂不通知
  C. 甲在当月 6 日被送至看守所之前,公安机关对其进行了讯问
  D. 讯问后,发现甲依法需要逮捕,当月 8 日提请检察院审批

---

① BD ② ABC ③ D ④ B

147． 2008/2/76/多

对下列哪些重大犯罪嫌疑分子,公安机关可以执行先行拘留?①

A. 为投毒而买毒药的甲
B. 在其住处发现被盗金项链的乙
C. 被举报挪用公款企图逃跑的丙
D. 不讲真实姓名、住址,身份不明的丁

148． 2005/2/27/单

下列关于司法拘留、行政拘留与刑事拘留的表述,哪一项是正确的?②

A. 司法拘留是对妨害诉讼的强制措施,行政拘留是行政制裁方法,被司法拘留和行政拘留的人均羁押在行政拘留所;刑事拘留是一种强制措施,被刑事拘留的人羁押在看守所
B. 司法拘留、行政拘留、刑事拘留都是一种处罚手段
C. 司法拘留、行政拘留、刑事拘留都是一种强制措施
D. 司法拘留、行政拘留、刑事拘留均可由公安机关决定

考点35 逮捕

149． 2021 回忆/多

甲、乙二人因涉嫌生产、销售不符合安全标准的食品罪,被刑事拘留并报请检察院审查逮捕。关于本案的审查逮捕程序,下列哪些说法是正确的?③

A. 甲认罪认罚,检察院应对其进行讯问
B. 因本案在当地有重大影响,检察院可采取当面听取侦查人员、犯罪嫌疑人、辩护人等意见的方式进行公开审查
C. 因本案案情重大复杂,检察院可在收到提请批准逮捕书后 20 日内作出是否批准逮捕的决定
D. 乙未满 16 周岁,检察院对其作出不批准逮捕及终止侦查的决定

150． 2017/2/72/多

甲、乙涉嫌非法拘禁罪被取保候审。本案提起公诉后,法院认为对甲可继续适用取保候审,乙因有伪造证据的行为而应予逮捕。对于法院适

---

① ABCD ② A ③ AB

用强制措施,下列哪些选项是正确的?①
- A. 对甲可变更为保证人保证
- B. 决定逮捕之前可先行拘留乙
- C. 逮捕乙后应在 24 小时内讯问
- D. 逮捕乙后,同级检察院可主动启动对乙的羁押必要性审查

151. 2016/2/32/单

甲乙二人涉嫌猥亵儿童,甲被批准逮捕,乙被取保候审。案件起诉到法院后,乙被法院决定逮捕。关于本案羁押必要性审查,下列哪一选项是正确的?②
- A. 在审查起诉阶段对甲进行审查,由检察院公诉部门办理
- B. 对甲可进行公开审查并听取被害儿童法定代理人的意见
- C. 检察院可依职权对乙进行审查
- D. 经审查发现乙系从犯、具有悔罪表现且可能宣告缓刑,不予羁押不致发生社会危险性的,检察院应要求法院变更强制措施

152. 2016/2/93/任

甲、乙(户籍地均为 M 省 A 市)共同运营一条登记注册于 A 市的远洋渔船。某次在公海捕鱼时,甲乙二人共谋杀害了与他们素有嫌隙的水手丙。该船回国后首泊于 M 省 B 市港口以作休整,然后再航行至 A 市。从 B 市起航后,在途经 M 省 C 市航行至 A 市过程中,甲因害怕乙投案自首一直将乙捆绑拘禁于船舱。该船于 A 市靠岸后案发。

关于本案强制措施的适用,下列选项正确的是:③
- A. 拘留甲后,应在送看守所羁押后 24 小时以内通知甲的家属
- B. 如有证据证明甲参与了故意杀害丙,应逮捕甲
- C. 拘留乙后,应在 24 小时内进行讯问
- D. 如乙因捆绑拘禁时间过长致身体极度虚弱而生活无法自理的,可在拘留后转为监视居住

153. 2015/2/29/多

王某涉嫌在多个市县连续组织淫秽表演,2014 年 9 月 15 日被刑事拘留,随即聘请律师担任辩护人,10 月 17 日被检察院批准逮捕,12 月 5 日被移送检察院审查起诉。关于律师提请检察院进行羁押必要性审查,下列哪

---

① ACD ② C ③ BCD

刷题表	时 间	题号	一刷	二刷	题号	一刷	二刷	题号	一刷	二刷	题号	一刷	二刷

些选项是不正确的?①

A. 10月14日提出申请,检察院应受理

B. 11月18日提出申请,检察院应告知其先向侦查机关申请变更强制措施

C. 12月3日提出申请,由检察院承担监所检察工作的部门负责审查

D. 12月10日提出申请,由检察院公诉部门负责审查

154． 2013/2/67/多

检察机关审查批准逮捕,下列哪些情形存在时应当讯问犯罪嫌疑人?②

A. 犯罪嫌疑人的供述前后反复且与其他证据矛盾

B. 犯罪嫌疑人要求向检察机关当面陈述

C. 侦查机关拘留犯罪嫌疑人36小时以后将其送交看守所羁押

D. 犯罪嫌疑人是聋哑人

155． 2012/2/26/单

检察院审查批准逮捕时,遇有下列哪一情形依法应当讯问犯罪嫌疑人?③

A. 辩护律师提出要求的

B. 犯罪嫌疑人要求向检察人员当面陈述的

C. 犯罪嫌疑人要求会见律师的

D. 共同犯罪的

156． 2011/2/67/多

逮捕条件中"有证据证明有犯罪事实"是指同时具备下列哪些情形?④

A. 有证据证明犯罪事实已经发生

B. 有证据证明的犯罪事实应当是主要犯罪事实

C. 有证据证明犯罪事实是犯罪嫌疑人实施的

D. 证明犯罪嫌疑人实施犯罪的证据已有查证属实的

---

① ABCD(原答案为C)。原为单选题,根据新法答案有变化,调整为多选题 ② ABCD
③ B ④ ACD

考点36 强制措施的变更和解除

157． 2020 回忆/单

经过羁押必要性审查,下列情形中人民检察院应当向办案机关提出释放或者变更强制措施建议,下列哪一选项正确?①

A. 被告人认罪认罚
B. 没有证据证明有犯罪事实或者犯罪行为系犯罪嫌疑人、被告人所为
C. 被告人与被害方依法自愿达成和解协议,且已经履行完毕
D. 被告人患有严重疾病,生活不能自理

158． 2016/2/70/多

下列哪些情形,法院应当变更或解除强制措施?②

A. 甲涉嫌绑架被逮捕,案件起诉至法院时发现怀有身孕
B. 乙涉嫌非法拘禁被逮捕,被法院判处有期徒刑 2 年,缓期 2 年执行,判决尚未发生法律效力
C. 丙涉嫌妨害公务被逮捕,在审理过程中突发严重疾病
D. 丁涉嫌故意伤害被逮捕,因对被害人伤情有异议而多次进行鉴定,致使该案无法在法律规定的一审期限内审结

159． 2014/2/31/单

关于犯罪嫌疑人的审前羁押,下列哪一选项是错误的?③

A. 基于强制措施适用的必要性原则,应当尽量减少审前羁押
B. 审前羁押是临时性的状态,可根据案件进展和犯罪嫌疑人的个人情况予以变更
C. 经羁押必要性审查认为不需要继续羁押的,检察院应及时释放或变更为其他非羁押强制措施
D. 案件不能在法定办案期限内办结的,应当解除羁押

160． 2008/2/34/多 新法改编

关于应当变更为取保候审、监视居住或解除强制措施,下列哪些选项是不正确的?④

A. 甲被逮捕后发现患有严重疾病
B. 乙被逮捕后经检查正在怀孕
C. 丙被逮捕后侦查羁押期限届满仍须继续查证

---

① B ② BD ③ C ④ ABCD

D. 丁被逮捕后一审法院判处有期徒刑1年缓刑2年,判决尚未发生效力

专题九 附带民事诉讼

考点37 附带民事诉讼当事人

161. 2017/2/28/单
甲系某地交通运输管理所工作人员,在巡查执法时致一辆出租车发生重大交通事故,司机乙重伤,乘客丙当场死亡,出租车严重受损。甲以滥用职权罪被提起公诉。关于本案处理,下列哪一选项是正确的?①
  A. 乙可成为附带民事诉讼原告人
  B. 交通运输管理所可成为附带民事诉讼被告人
  C. 丙的妻子提起附带民事诉讼的,法院应裁定不予受理
  D. 乙和丙的近亲属可与甲达成刑事和解

162. 2014/2/32/单
韩某和苏某共同殴打他人,致被害人李某死亡、吴某轻伤,韩某还抢走吴某的手机。后韩某被抓获,苏某在逃。关于本案的附带民事诉讼,下列哪一选项是正确的?②
  A. 李某的父母和祖父母都有权提起附带民事诉讼
  B. 韩某和苏某应一并列为附带民事诉讼的被告人
  C. 吴某可通过附带民事诉讼要求韩某赔偿手机
  D. 吴某在侦查阶段与韩某就民事赔偿达成调解协议并全部履行后又提起附带民事诉讼,法院不予受理

考点38 附带民事诉讼的提起与审判程序

163. 2016/2/71/多
甲、乙殴打丙,致丙长期昏迷,乙在案发后潜逃,检察院以故意伤害罪对甲提起公诉。关于本案,下列哪些选项是正确的?③
  A. 丙的妻子、儿子和弟弟都可成为附带民事诉讼原告人
  B. 甲、乙可作为附带民事诉讼共同被告人,对故意伤害丙造成的物质损失承担连带赔偿责任
  C. 丙因昏迷无法继续履行与某公司签订的合同造成的财产损失不属于

---
① C ② D ③ ACD

刷题表	时 间	题号	一刷	二刷	题号	一刷	二刷	题号	一刷	二刷	题号	一刷	二刷

附带民事诉讼的赔偿范围

D. 如甲的朋友愿意代为赔偿,法院应准许并可作为酌定量刑情节考虑

164. 2015/2/30/单

法院可以受理被害人提起的下列哪一附带民事诉讼案件?①

A. 抢夺案,要求被告人赔偿被夺走并变卖的手机
B. 寻衅滋事案,要求被告人赔偿所造成的物质损失
C. 虐待被监管人案,要求被告人赔偿因体罚虐待致身体损害所产生的医疗费
D. 非法搜查案,要求被告人赔偿因非法搜查所导致的物质损失

165. 2013/2/32/单

王某被姜某打伤致残,在开庭审判前向法院提起附带民事诉讼,并提出财产保全的申请。法院对于该申请的处理,下列哪一选项是正确的?②

A. 不予受理
B. 可以采取查封、扣押或者冻结被告人财产的措施
C. 只有在王某提供担保后,法院才予以财产保全
D. 移送财产所在地的法院采取保全措施

166. 张一、李二、王三因口角与赵四发生斗殴,赵四因伤势过重死亡。其中张一系未成年人,王三情节轻微未被起诉,李二在一审开庭前意外死亡。
请回答第(1)、(2)题。

(1) 2013/2/95/任

本案依法负有民事赔偿责任的人是:③

A. 张一、李二
B. 张一父母、李二父母
C. 张一父母、王三
D. 张一父母、李二父母、王三

(2) 2013/2/96/任

在一审过程中,如果发生附带民事诉讼原、被告当事人不到庭情形,法院的下列做法正确的是:④

A. 赵四父母经传唤,无正当理由不到庭,法庭应当择期审理
B. 赵四父母到庭后未经法庭许可中途退庭,法庭应当按撤诉处理
C. 王三经传唤,无正当理由不到庭,法庭应当采取强制手段强制其到庭

---

① B ② B ③ D ④ B

D. 李二父母未经法庭许可中途退庭,就附带民事诉讼部分,法庭应当缺席判决

167. 2012/2/30/单
关于附带民事诉讼案件诉讼程序中的保全措施,下列哪一说法是正确的?①

A. 法院应当采取保全措施
B. 附带民事诉讼原告人和检察院都可以申请法院采取保全措施
C. 采取保全措施,不受《民事诉讼法》规定的限制
D. 财产保全的范围不限于犯罪嫌疑人、被告人的财产或与本案有关的财产

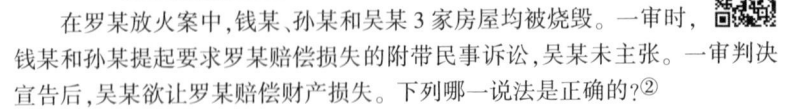

168. 2011/2/28/单
在罗某放火案中,钱某、孙某和吴某3家房屋均被烧毁。一审时,钱某和孙某提起要求罗某赔偿损失的附带民事诉讼,吴某未主张。一审判决宣告后,吴某欲让罗某赔偿财产损失。下列哪一说法是正确的?②

A. 吴某可另行提起附带民事诉讼
B. 吴某不得再提起附带民事诉讼,可在刑事判决生效后另行提起民事诉讼
C. 吴某可提出上诉,请求法院在二审程序中判令罗某予以赔偿
D. 吴某既可另行提起附带民事诉讼,也可单独提起民事诉讼

169. 2010/2/76/单
某县检察院以涉嫌故意伤害罪对十六岁的马某提起公诉,被害人刘某提起附带民事诉讼。对此,下列哪一选项是正确的?③

A. 在审理该案时,法院只能适用《刑法》《刑事诉讼法》等有关的刑事法律
B. 在审查起诉阶段,马某、刘某已就赔偿达成协议且马某按照协议给付了刘某五万元,法院仍可以受理刘某提起的附带民事诉讼
C. 法院受理附带民事诉讼后,应当将附带民事起诉状副本送达马某,或者将口头起诉的内容通知马某
D. 法院可以决定查封或者扣押被告人马某的财产

170. 2009/2/28/多
关于附带民事诉讼,下列哪些选项是正确的?④

---

① B ② B ③ D(原答案为BD)。原为多选题,根据新法答案有变化,调整为单选题
④ AC(原答案为A)。原为单选题,根据新法答案有变化,调整为多选题

A. 在侦查、审查起诉阶段,被害人提出赔偿要求经记录在案的,公安机关、检察院可以对民事赔偿部分进行调解
B. 在侦查、审查起诉阶段,经调解当事人达成协议并已给付,被害人又向法院提起附带民事诉讼的,法院不再受理
C. 法院审理刑事附带民事诉讼案件,可以进行调解
D. 附带民事诉讼经调解达成协议并当庭执行完毕的,无需制作调解书,也不需记入笔录

专题十 期间、送达

考点39 期间的计算

171. 2017/2/29/单

卢某妨害公务于2016年9月21日一审宣判,并当庭送达判决书。卢某于9月30日将上诉书交给看守所监管人员黄某,但黄某因忙于个人事务直至10月8日上班时才寄出,上诉书于10月10日寄到法院。关于一审判决生效,下列哪一选项是正确的?①

A. 一审判决于9月30日生效
B. 因黄某耽误上诉期间,卢某将上诉书交予黄某时,上诉期间中止
C. 因黄某过失耽误上诉期间,卢某可申请期间恢复
D. 上诉书寄到法院时一审判决尚未生效

172. 2015/2/31/单

关于办案期限重新计算的说法,下列哪一选项是正确的?②

A. 甲盗窃汽车案,在侦查过程中发现其还涉嫌盗窃1辆普通自行车,重新计算侦查羁押期限
B. 乙受贿案,检察院审查起诉时发现一笔受贿款项证据不足,退回补充侦查后再次移送审查起诉时,重新计算审查起诉期限
C. 丙聚众斗殴案,在处理完丙提出的有关检察院书记员应当回避的申请后,重新计算一审审理期限
D. 丁贩卖毒品案,二审法院决定开庭审理并通知同级检察院阅卷,检察院阅卷结束后,重新计算二审审理期限

---
① D ② B

刷题表	时　间	题号	一刷	二刷	题号	一刷	二刷	题号	一刷	二刷	题号	一刷	二刷

173． 2014/2/33/单

关于期间的计算,下列哪一选项是正确的?①

A. 重新计算期限包括公检法的办案期限和当事人行使诉讼权利的期限两种情况

B. 上诉状或其他法律文书在期满前已交邮的不算过期,已交邮是指在期间届满前将上诉状或其他法律文书递交邮局或投入邮筒内

C. 法定期间不包括路途上的时间,比如有关诉讼文书材料在公检法之间传递的时间应当从法定期间内扣除

D. 犯罪嫌疑人、被告人在押的案件,在羁押场所以外对患有严重疾病的犯罪嫌疑人、被告人进行医治的时间,应当从法定羁押期间内扣除

174． 2013/2/33/单

关于刑期计算,下列哪一说法是不正确的?②

A. 甲被判处拘役六个月,其被指定居所监视居住154天的期间折抵刑期154天

B. 乙通过贿赂手段被暂予监外执行,其在监外执行的267天不计入执行刑期

C. 丙在暂予监外执行期间脱逃,脱逃的78天不计入执行刑期

D. 丁被判处管制,其判决生效前被逮捕羁押208天的期间折抵刑期416天

175． 2011/2/29/多

关于期间的计算,下列哪些说法是不正确的?③

A. 因被告人脱逃而中止审理的期间,计入审理期限

B. 法院对提起公诉案件进行审查的期限,不计入审理期限

C. 被告人要求法院另行指定辩护律师,自合议庭同意而宣布延期审理之日起至第10日止准备辩护的时间,计入审理期限

D. 因当事人和辩护人申请调取新的证据而延期审理期限,不计入审理期限

176． 2010/2/34/多

下列哪些段时间应计入一审案件审理期限?④

A. 需要延长审理期限的案件,办理报请高级法院批准手续的时间

---

① C　② A　③ ABCD(原答案为D)。原为单选题,根据新法答案有变化,调整为多选题
④ AB(原答案为A)。原为单选题,根据新法答案有变化,调整为多选题

B. 当事人申请重新鉴定,经法院同意延期审理的时间
C. 检察院补充侦查完毕后重新移送法院的案件,法院收到案件之日以前补充侦查的时间
D. 法院改变管辖的案件,自改变管辖决定作出至改变后的法院收到案件之日的时间

177． 2008/2/22/单

根据《刑事诉讼法》及有关司法解释的规定,下列哪一项办案期限是不能重新计算的?①

A. 补充侦查完毕后的审查起诉期限
B. 发现犯罪嫌疑人另有重要罪行后的侦查羁押期限
C. 处理当事人回避申请后的法庭审理期限
D. 检察院补充侦查完毕移送法院继续审理的审理期限

考点40 送达

178． 2013/2/70/多

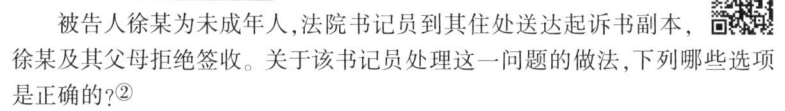

被告人徐某为未成年人,法院书记员到其住处送达起诉书副本,徐某及其父母拒绝签收。关于该书记员处理这一问题的做法,下列哪些选项是正确的?②

A. 邀请见证人到场
B. 在起诉书副本上注明拒收的事由和日期,该书记员和见证人签名或盖章
C. 采取拍照、录像等方式记录送达过程
D. 将起诉书副本留在徐某住处

第二编 分 论

专题十 立 案

考点41 立案材料的来源和条件

179． 2017/2/30/单

环卫工人马某在垃圾桶内发现一名刚出生的婴儿后向公安机关

① C ② ACD

报案,公安机关紧急将婴儿送医院成功抢救后未予立案。关于本案的立案程序,下列哪一选项是正确的?①
　A. 确定遗弃婴儿的原因后才能立案
　B. 马某对公安机关不予立案的决定可申请复议
　C. 了解婴儿被谁遗弃的知情人可向检察院控告
　D. 检察院可向公安机关发出要求说明不立案理由通知书

考点42 立案程序和立案监督

180. 2018 回忆/多

甲因酒后驾车被某县公安局交警大队查获,经鉴定,甲每百毫升血液中含酒精90mg,属于醉酒驾车。交警大队随后将甲移送刑警大队以追究危险驾驶罪的刑事责任。刑警大队3天后对甲作出了不立案决定。下列哪些选项是不正确的?②
　A. 甲有权向某县公安局复议
　B. 甲有权向某县公安局的上一级机关复核
　C. 交警队有权向某县公安局复议
　D. 交警队有权向某县公安局的上一级机关复核

181. 2016/2/72/多

公安机关获知有多年吸毒史的王某近期可能从事毒品制售活动,遂对其展开初步调查工作。关于这一阶段公安机关可以采取的措施,下列哪些选项是正确的?③
　A. 监听　　　　　　　　　B. 查询王某的银行存款
　C. 询问王某　　　　　　　D. 通缉

182. 2015/2/32/单

甲公司以虚构工程及伪造文件的方式,骗取乙工程保证金400余万元。公安机关接到乙控告后,以尚无明确证据证明甲涉嫌犯罪为由不予立案。关于本案,下列哪一选项是正确的?④
　A. 乙应先申请公安机关复议,只有不服复议决定的才能请求检察院立案监督
　B. 乙请求立案监督,检察院审查后认为公安机关应立案的,可通知公安

① D　② ABD　③ BC　④ D

机关立案

C. 公安机关接到检察院立案通知后仍不立案的,经省级检察院决定,检察院可自行立案侦查

D. 乙可直接向法院提起自诉

183. `2013/2/34/单`

卢某坠楼身亡,公安机关排除他杀,不予立案。但卢某的父母坚称他杀可能性大,应当立案,请求检察院监督。检察院的下列哪一做法是正确的?①

A. 要求公安机关说明不立案理由

B. 拒绝受理并向卢某的父母解释不立案原因

C. 认为符合立案条件的,可以立案并交由公安机关侦查

D. 认为公安机关不立案理由不能成立的,应当建议公安机关立案

184. `2009/2/26/单`

国家机关工作人员李某多次利用职务之便向境外间谍机构提供涉及国家机密的情报,同事赵某发现其行迹后决定写信揭发李某。关于赵某行为的性质,下列哪一选项是正确的?②

A. 控告　　　　　　　　B. 告诉

C. 举报　　　　　　　　D. 报案

专题十二　侦　查

考点43 侦查行为

185. `2023回忆/多`

某地发生命案,侦查人员在勘验现场时邀请当地村委会主任刘某作为见证人。对此,下列哪些选项是正确的?③

A. 刘某如请求公安机关予以安全保护,公安机关应采取保护措施

B. 刘某应在勘验笔录上签字或者盖章

C. 刘某属于本案的诉讼参与人

D. 勘验笔录的真实性有争议时,法庭可通知刘某出庭

---

① A　② C　③ BD

186. 2017/2/23/单

1996年11月,某市发生一起故意杀人案。2017年3月,当地公安机关根据案发时现场物证中提取的DNA抓获犯罪嫌疑人陆某。2017年7月,最高检察院对陆某涉嫌故意杀人案核准追诉。在最高检察院核准前,关于本案处理,下列哪一选项是正确的?①

A. 不得侦查本案

B. 可对陆某先行拘留

C. 不得对陆某批准逮捕

D. 可对陆某提起公诉

187. 2017/2/31/单

关于侦查辨认,下列哪一选项是正确的?②

A. 强制猥亵案,让犯罪嫌疑人对被害人进行辨认

B. 盗窃案,让犯罪嫌疑人到现场辨认藏匿赃物的房屋

C. 故意伤害案,让犯罪嫌疑人和被害人一起对凶器进行辨认

D. 刑讯逼供案,让被害人在4张照片中辨认犯罪嫌疑人

188. 2017/2/69/多

甲涉嫌利用木马程序盗取Q币并转卖他人,公安机关搜查其住处时,发现一个U盘内存储了用于盗取账号密码的木马程序。关于该U盘的处理,下列哪些选项是正确的?③

A. 应扣押U盘并制作笔录

B. 检查U盘内的电子数据时,应将U盘拆分过程进行录像

C. 公安机关移送审查起诉时,对U盘提取的木马程序,应附有该木马程序如何盗取账号密码的说明

D. 如U盘未予封存,且不能补正或作出合理解释的,U盘内提取的木马程序不得作为定案的根据

189. 2017/2/73/多

在朱某危险驾驶案的辩护过程中,辩护律师查看了侦查机关录制的讯问同步录像。同步录像中的下列哪些行为违反法律规定?④

A. 后续讯问的侦查人员与首次讯问的侦查人员完全不同

B. 朱某请求自行书写供述,侦查人员予以拒绝

---

① B ② B ③ ABCD ④ BCD

C. 首次讯问时未告知朱某可聘请律师

D. 其中一次讯问持续了 14 个小时

190. 2017/2/95/任

某小学发生一起猥亵儿童案件,三年级女生甲向校长许某报称被老师杨某猥亵。许某报案后,侦查人员通过询问许某了解了甲向其陈述的被杨某猥亵的经过。侦查人员还通过询问甲了解到,另外两名女生乙和丙也可能被杨某猥亵,乙曾和甲谈到被杨某猥亵的经过,甲曾目睹杨某在课间猥亵丙。讯问杨某时,杨某否认实施猥亵行为,并表示他曾举报许某贪污,许某报案是对他的打击报复。

关于本案侦查措施,下列选项正确的是:①

A. 经出示工作证件,侦查人员可在学校询问甲

B. 询问乙时,可由学校的其他老师在场并代行乙的诉讼权利

C. 可通过侦查实验确定甲能否在其所描述的时间、地点看到杨某猥亵丙

D. 搜查杨某在学校内的宿舍时,可由许某在场担任见证人

191. 2016/2/34/单

某地发生一起以爆炸手段故意杀人致多人伤亡的案件。公安机关立案侦查后,王某被确定为犯罪嫌疑人。关于本案辨认,下列哪一选项是正确的?②

A. 证人甲辨认制造爆炸物的工具时,混杂了另外 4 套同类工具

B. 证人乙辨认犯罪嫌疑人时未同步录音或录像,辨认笔录不得作为定案的依据

C. 证人丙辨认犯罪现场时没有见证人在场,辨认笔录不得作为定案的依据

D. 王某作为辨认人时,陪衬物不受数量的限制

192. 2016/2/94/任

甲、乙(户籍地均为 M 省 A 市)共同运营一条登记注册为 A 市的远洋渔船。某次在公海捕鱼时,甲乙二人共谋杀害了与他们素有嫌隙的水手丙。该船回国后首泊于 M 省 B 市港口以作休整,然后再航行至 A 市。从 B 市起航后,在途经 M 省 C 市航行至 A 市过程中,甲因害怕乙投案自首一直将乙捆绑拘禁于船舱。该船于 A 市靠岸后案发。

① AC ② A

本案公安机关开展侦查。关于侦查措施,下列选项正确的是:①
A. 讯问甲的过程应当同步录音或录像
B. 可在讯问乙的过程中一并收集乙作为非法拘禁案的被害人的陈述
C. 在该船只上进行犯罪现场勘查时,应邀请见证人在场
D. 可查封该船只进一步收集证据

193. 2015/2/94/任

鲁某与关某涉嫌贩卖冰毒500余克,B省A市中级法院开庭审理后,以鲁某犯贩卖毒品罪,判处死刑立即执行,关某犯贩卖毒品罪,判处死刑缓期二年执行。一审宣判后,关某以量刑过重为由向B省高级法院提起上诉,鲁某未上诉,检察院也未提起抗诉。关于本案侦查,下列选项正确的是:②
A. 本案经批准可采用控制下交付的侦查措施
B. 对鲁某采取技术侦查的期限不得超过9个月
C. 侦查机关只有在对鲁某与关某立案后,才能派遣侦查人员隐匿身份实施侦查
D. 通过技术侦查措施收集到的证据材料可作为定案的依据,但须经法庭调查程序查证属实或由审判人员在庭外予以核实

194. 2014/2/34/单

关于勘验、检查,下列哪一选项是正确的?③
A. 为保证侦查活动的规范性与合法性,只有侦查人员可进行勘验、检查
B. 侦查人员进行勘验、检查,必须持有侦查机关的证明文件
C. 检查妇女的身体,应当由女工作人员或者女医师进行
D. 勘验、检查应当有见证人在场,勘验、检查笔录上没有见证人签名的,不得作为定案的根据

195. 2014/2/70/多

关于讯问犯罪嫌疑人,下列哪些选项是正确的?④
A. 在拘留犯罪嫌疑人之前,一律不得对其进行讯问
B. 在拘留犯罪嫌疑人之后,可在送看守所羁押前进行讯问
C. 犯罪嫌疑人被拘留送看守所之后,讯问应当在看守所内进行
D. 对于被指定居所监视居住的犯罪嫌疑人,应当在指定的居所进行讯问

---

① ACD ② ACD ③ B ④ BC

196. 2014/2/92/任

赵某、石某抢劫杀害李某,被路过的王某、张某看见并报案。赵某、石某被抓获后,2名侦查人员负责组织辨认。关于辨认的程序,下列选项正确的是:①

A. 在辨认尸体时,只将李某尸体与另一尸体作为辨认对象

B. 在2名侦查人员的主持下,将赵某混杂在9名具有类似特征的人员中,由王某、张某个别进行辨认

C. 在对石某进行辨认时,9名被辨认人员中的4名民警因紧急任务离开,在2名侦查人员的主持下,将石某混杂在5名人员中,由王某、张某个别进行辨认

D. 根据王某、张某的要求,辨认在不暴露他们身份的情况下进行

197. 2013/2/30/单

在一起聚众斗殴案件发生时,证人甲乙丙丁四人在现场目睹事实经过,侦查人员对上述四名证人进行询问。关于询问证人的程序和方式,下列哪一选项是错误的?②

A. 在现场立即询问证人甲

B. 传唤证人乙到公安机关提供证言

C. 到证人丙租住的房屋询问证人丙

D. 到证人丁提出的其工作单位附近的快餐厅询问证人丁

198. 2013/2/35/单

对侦查所实施的司法控制,包括对某些侦查行为进行事后审查。下列哪一选项是正确的?③

A. 事后审查的对象主要包括逮捕、羁押、搜查等

B. 事后审查主要针对的是强行性侦查措施

C. 采取这类侦查行为不可以由侦查机关独立作出决定

D. 对于这类行为,公民认为侦查机关侵犯其合法权益的,可以寻求司法途径进行救济

199. 2013/2/69/多

在侦查过程中,下列哪些行为违反我国刑事诉讼法的规定?④

A. 侦查人员拒绝律师讯问时在场的要求

---

① ABD ② B ③ D ④ BC

B. 公安机关变更逮捕措施,没有通知原批准的检察院
C. 公安机关认为检察院不批准逮捕的决定有错误,提出复议前继续拘留犯罪嫌疑人
D. 侦查机关未告知犯罪嫌疑人家属指定居所监视居住的理由和处所

200． 2012/2/71/多

关于技术侦查,下列哪些说法是正确的?①

A. 适用于严重危害社会的犯罪案件
B. 必须在立案后实施
C. 公安机关和检察院都有权决定并实施
D. 获得的材料需要经过转化才能在法庭上使用

201． 侦查措施是查明案件事实的手段,与公民的权利保障密切相关。请回答第(1)~(3)题。

(1) 2012/2/92/任

关于讯问犯罪嫌疑人的地点,下列选项正确的是:②

A. 对不需要逮捕、拘留的犯罪嫌疑人,可以传唤到犯罪嫌疑人所在市、县的公安局进行讯问
B. 对不需要逮捕、拘留的犯罪嫌疑人,可以传唤到犯罪嫌疑人所在市、县的公司内进行讯问
C. 对于已经被逮捕羁押的犯罪嫌疑人,应当在看守所内进行讯问
D. 犯罪现场发现的犯罪嫌疑人,可以当场口头传唤,但须出示工作证并在讯问笔录中注明

(2) 2012/2/93/任

关于询问被害人,下列选项正确的是:③

A. 侦查人员可以在现场进行询问
B. 侦查人员可以在指定的地点进行询问
C. 侦查人员可以通知被害人到侦查机关接受询问
D. 询问笔录应当交被害人核对,如记载有遗漏或者差错,被害人可以提出补充或者改正

(3) 2012/2/94/任

关于查封、扣押措施,下列选项正确的是:④

---

① AB ② ABCD ③ ACD ④ D

A. 查封、扣押犯罪嫌疑人与案件有关的各种财物、文件只能在勘验、搜查中实施
B. 根据侦查犯罪的需要,可以依照规定扣押犯罪嫌疑人的存款、汇款、债券、股票、基金份额等财产
C. 侦查人员认为需要扣押犯罪嫌疑人的邮件、电报的时候,可通知邮电机关将有关的邮件、电报检交扣押
D. 对于查封、扣押的财物、文件、邮件、电报,经查明确实与案件无关的,应当在 3 日以内解除查封、扣押,予以退还

202． 2011/2/69/单

公安机关抓获一起抢夺案犯罪嫌疑人黄某、王某。王某声称被错抓,公安机关决定组织对王某进行辨认。关于公安机关的做法,下列哪一选项是正确的?①

A. 让 2 名被害人一同对王某进行辨认
B. 让黄某单独对王某进行辨认
C. 在辨认时没有安排见证人在场
D. 将王某混在其他 5 名被辨认人当中

203． 2010/2/67/多

关于司法鉴定,下列哪些选项是正确的?②

A. 某鉴定机构的三名鉴定人共同对某杀人案进行法医类鉴定,这三名鉴定人依照诉讼法律规定实行回避
B. 某鉴定机构的鉴定人钱某对某盗窃案进行了声像资料鉴定,该司法鉴定应由钱某负责
C. 当事人对鉴定人胡某的鉴定意见有异议,经法院通知,胡某应当出庭作证
D. 鉴定人刘某、廖某、徐某共同对被告人的精神状况进行了鉴定,刘某和廖某意见一致,但徐某有不同意见,应当按照刘某和廖某的意见作出结论

204． 2009/2/27/单

关于侦查中的检查与搜查,下列哪一说法是正确的?③

---

① B(原答案为 BC)。原为多选题,根据新法答案有变化,调整为单选题　② ABC
③ B

A. 搜查的对象可以是活人的身体,检查只能对现场、物品、尸体进行
B. 搜查只能由侦查人员进行,检查可以由具有专门知识的人在侦查人员主持下进行
C. 搜查应当出示搜查证,检查不需要任何证件
D. 搜查和检查对任何对象都可以强制进行

205． 2009/2/68/多

关于扣押物证、书证,下列哪些做法是正确的?①

A. 侦查人员在搜查钱某住宅时,发现一份能够证明钱某无罪的证据,对此证据予以扣押
B. 在杜某故意杀人案中,侦查机关依法扣押杜某一些物品和文件。对与案件无关的物品和文件,侦查机关应当在五日内解除扣押、冻结,退还杜某
C. 公安机关在侦查刘某盗窃案中,可以依照规定查询、冻结刘某的存款、汇款
D. 在对周某盗窃罪审查起诉中,周某死亡,检察院决定将依法冻结的周某赃款的一部分上缴国库,其余部分返还给被害人

206． 2007/2/30/单

张某因涉嫌放火罪被批准逮捕。公安机关在侦查过程中,发现张某另有抢劫罪的重大嫌疑,决定依照刑事诉讼法的规定重新计算羁押期限。关于重新计算羁押期限,下列哪一选项是正确的?②

A. 报同级检察院批准
B. 报同级检察院备案
C. 报上一级公安机关批准
D. 报上一级公安机关备案

207． 2006/2/33/单

黄某住甲市 A 区,因涉嫌诈骗罪被甲市检察院批准逮捕。由于案情复杂,期限届满侦查不能终结,侦查机关报请有关检察机关批准延长一个月。其后,由于该案重大复杂,涉及面广,取证困难,侦查机关报请有关检察机关批准后,又延长了二个月。但是,延长二个月后,仍不能侦查终结,且根据已查明的犯罪事实,对黄某可能判处无期徒刑,侦查机关第三次报请检察院

① AC ② B

批准再延长二个月。在报请延长手续问题上,下列哪一选项是错误的?①

A. 第一次延长,须经甲市检察院批准
B. 第二次延长,须经甲市检察院的上一级检察院批准
C. 第二次延长,须经甲市所属的省检察院批准
D. 第三次延长,须经甲市所属的省检察院批准

考点44 侦查终结

208. 2016/2/33/单

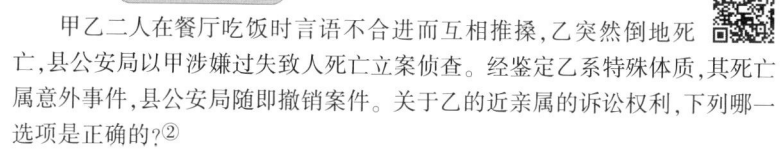

甲乙二人在餐厅吃饭时言语不合进而互相推搡,乙突然倒地死亡,县公安局以甲涉嫌过失致人死亡立案侦查。经鉴定乙系特殊体质,其死亡属意外事件,县公安局随即撤销案件。关于乙的近亲属的诉讼权利,下列哪一选项是正确的?②

A. 就撤销案件向县公安局申请复议
B. 就撤销案件向县公安局的上一级公安局申请复核
C. 向检察院侦查监督部门申请立案监督
D. 直接向法院对甲提起刑事附带民事诉讼

209. 2012/2/39/单

关于侦查程序中的辩护权保障和情况告知,下列哪一选项是正确的?③

A. 辩护律师提出要求的,侦查机关可以听取辩护律师的意见,并记录在案
B. 辩护律师提出书面意见的,可以附卷
C. 侦查终结移送审查起诉时,将案件移送情况告知犯罪嫌疑人或者其辩护律师
D. 侦查终结移送审查起诉时,将案件移送情况告知犯罪嫌疑人及其辩护律师

考点45 补充侦查

210. 2015/2/70/多

关于补充侦查,下列哪些选项是正确的?④

---

① A ② D ③ D ④ ABC

A. 审查批捕阶段,只有不批准逮捕的,才能通知公安机关补充侦查
B. 审查起诉阶段的补充侦查以两次为限
C. 审判阶段检察院应自行侦查,不得退回公安机关补充侦查
D. 审判阶段法院不得建议检察院补充侦查

专题十三 起 诉

考点46 起诉概述

211． 2013/2/36/单

只要有足够证据证明犯罪嫌疑人构成犯罪,检察机关就必须提起公诉。关于这一制度的法理基础,下列哪一选项是正确的?①
A. 起诉便宜主义
B. 起诉法定主义
C. 公诉垄断主义
D. 私人诉追主义

212． 2010/2/70/多

关于我国刑事起诉制度,下列哪些选项是正确的?②
A. 实行公诉为主、自诉为辅的犯罪追诉机制
B. 公诉为主表明公诉机关可主动干预自诉
C. 实行的起诉原则为起诉法定主义为主,兼采起诉便宜主义
D. 起诉法定为主要求凡构成犯罪的必须起诉

考点47 审查起诉

213． 2021 回忆/任

梁某因贪污被甲省乙市监察机关立案调查。留置期间梁某认罪认罚,积极退赃,监察机关经调查,认为犯罪事实清楚,证据确实、充分,依法移送人民检察院。在审查起诉期间,梁某拒绝律师为其辩护,下列说法正确的是：③
A. 人民检察院应当通知值班律师为梁某提供法律援助
B. 乙市监察机关决定留置应当报请甲省监察机关批准
C. 监察机关可以向检察院提出认罪认罚建议

① B ② AC ③ ABCD

D. 移送审查起诉后,留置措施自动解除,检察院应当对梁某先行拘留

214. 2016/2/35/单

甲、乙共同实施抢劫,该案经两次退回补充侦查后,检察院发现甲在两年前曾实施诈骗犯罪。关于本案,下列哪一选项是正确的?①

A. 应将全案退回公安机关依法处理
B. 对新发现的犯罪自行侦查,查清犯罪事实后一并提起公诉
C. 将新发现的犯罪移送公安机关侦查,待公安机关查明事实移送审查起诉后一并提起公诉
D. 将新发现的犯罪移送公安机关立案侦查,对已查清的犯罪事实提起公诉

215. 2013/2/25/单

高某涉嫌抢劫犯罪,公安机关经二次补充侦查后将案件移送检察机关,检察机关审查发现高某可能还实施了另一起盗窃犯罪。检察机关于此案的处理,下列哪一选项是正确的?②

A. 再次退回公安机关补充侦查,并要求在一个月内补充侦查完毕
B. 要求公安机关收集并提供新发现的盗窃犯罪的证据材料
C. 对新发现的盗窃犯罪自行侦查,并要求公安机关提供协助
D. 将新发现的盗窃犯罪移送公安机关另行立案侦查,对已经查清的抢劫犯罪提起公诉

216. 2013/2/66/多 新法改编

法院审理郑某涉嫌滥用职权犯罪案件,在宣告判决前,检察院发现郑某和张某接受秦某巨款,涉嫌贿赂犯罪,事实清楚,证据确实、充分。对于新发现犯罪嫌疑人和遗漏罪行的处理,下列哪些做法是正确的?③

A. 法院可以主动将张某、秦某追加为被告人一并审理
B. 检察院可以补充起诉郑某、张某和秦某的贿赂犯罪
C. 检察院可以将张某、秦某追加为被告人,要求法院一并审理
D. 检察院应当撤回起诉,将三名犯罪嫌疑人以两个罪名重新起诉

217. 2009/2/29/单

关于检察院审查起诉,下列哪一选项是正确的?④

① D ② D ③ BC ④ A

A. 认为需要对公安机关的勘验、检查进行复验、复查的,可以自行复验、复查
B. 发现侦查人员以非法方法收集证据的,应当自行调查取证
C. 对已经退回公安机关二次补充侦查的案件,在审查起诉中又发现新的犯罪事实的,应当将已侦查的案件和新发现的犯罪一并移送公安机关立案侦查
D. 共同犯罪中部分犯罪嫌疑人潜逃的,应当中止对全案的审查,待潜逃犯罪嫌疑人归案后重新开始审查起诉

考点48 不起诉

218. 2022回忆/多

耿某醉酒驾驶电动自行车与行人宋某发生碰撞,造成宋某轻微伤。后检察院对耿某作出存疑不起诉决定。对此,检察院的下列哪些理由不成立?①

A. 交通事故责任认定书确认耿某负主要责任,宋某负次要责任
B. 耿某辩称知道醉酒不能驾驶轿车,但不知道不能驾驶电动自行车
C. 鉴定机构承认耿某的血液样本被污染
D. 耿某驾驶的车符合法律规定的非机动车的标准

219. 2018回忆/多

张三系某县财政局局长,因涉嫌贪污被某县监察委员会立案调查,调查终结后,某县监察委员会将案件移送某县检察院审查起诉。下列表述哪些是错误的?②

A. 某县检察院经过审查认为需要补充核实证据,应当对案件自行补充侦查
B. 某县检察院经过审查认为需要补充核实证据,可以直接作出不起诉决定
C. 某县检察院经过审查认为证据不足,经过二次退回某县监察委员会补充调查后仍然认为证据不足,可以直接作出不起诉决定
D. 某县检察院作出不起诉决定后,某县监察委员会不服,有权向某县检察院提请复议

---

① ABD ② ABCD

刷题表	时　间	题号	一刷	二刷	题号	一刷	二刷	题号	一刷	二刷	题号	一刷	二刷

220． 2017/2/32/单

叶某涉嫌飞车抢夺行人财物被立案侦查。移送审查起诉后，检察院认为实施该抢夺行为的另有其人。关于本案处理，下列哪一选项是正确的？①

　A. 检察院可将案卷材料退回公安机关并建议公安机关撤销案件

　B. 在两次退回公安机关补充侦查后，检察院应作出证据不足不起诉的决定

　C. 检察院作出不起诉决定后，被害人不服向法院提起自诉，法院受理后，不起诉决定视为自动撤销

　D. 如最高检察院认为对叶某的不起诉决定确有错误的，可直接撤销不起诉决定

221． 2015/2/33/单

甲、乙、丙、丁四人涉嫌多次结伙盗窃，公安机关侦查终结移送审查起诉后，甲突然死亡。检察院审查后发现，甲和乙共同盗窃1次，数额未达刑事立案标准；乙和丙共同盗窃1次，数额刚达刑事立案标准；甲、丙、丁三人共同盗窃1次，数额巨大，但经两次退回公安机关补充侦查后仍证据不足；乙对其参与的2起盗窃有自首情节。关于本案，下列哪一选项是正确的？②

　A. 对甲可作出酌定不起诉决定

　B. 对乙可作出法定不起诉决定

　C. 对丙应作出证据不足不起诉决定

　D. 对丁应作出证据不足不起诉决定

222． 2014/2/35/单

检察院对孙某敲诈勒索案审查起诉后认为，作为此案关键证据的孙某口供系刑讯所获，依法应予排除。在排除口供后，其他证据显然不足以支持起诉，因而作出不起诉决定。关于该案处理，下列哪一选项是错误的？③

　A. 检察院的不起诉属于存疑不起诉

　B. 检察院未经退回补充侦查即作出不起诉决定违反《刑事诉讼法》的规定

① D　② D　③ B

C. 检察院排除刑讯获得的口供,体现了法律监督机关的属性
D. 检察院不起诉后,又发现新的证据,符合起诉条件时,可提起公诉

223． 2011/2/31/单

被害人对于检察院作出不起诉决定不服而在7日内提出申诉时,下列哪一说法是正确的?①

A. 由作出决定的检察院受理被害人的申诉
B. 由与作出决定的检察院相对应的法院受理被害人的申诉
C. 被害人提出申诉同时又向法院起诉的,法院应裁定驳回起诉
D. 被害人提出申诉后又撤回的,仍可向法院起诉

224． 2008/2/24/单

某看守所干警甲,因涉嫌虐待被监管人乙被立案侦查。在审查起诉期间,A地基层检察院认为甲情节显著轻微,不构成犯罪,遂作不起诉处理。关于该决定,下列哪一选项是正确的?②

A. 公安机关有权申请复议复核
B. 某甲有权向原决定检察院申诉
C. 某乙有权向上一级检察院申诉
D. 申诉后,上级检察院维持不起诉决定的,某乙可以向该地的中级法院提起自诉

专题十四　刑事审判概述

考点49 刑事审判的特征

225． 2014/2/36/单

刑事审判具有亲历性特征。下列哪一选项不符合亲历性要求?③

A. 证人因路途遥远无法出庭,采用远程作证方式在庭审过程中作证
B. 首次开庭并对出庭证人的证言质证后,某合议庭成员因病无法参与审理,由另一人民陪审员担任合议庭成员继续审理并作出判决
C. 某案件独任审判员在公诉人和辩护人共同参与下对部分证据进行庭外调查核实
D. 第二审法院对决定不开庭审理的案件,通过讯问被告人,听取被害人、

① D　② C　③ B

辩护人和诉讼代理人的意见进行审理

考点50 刑事审判原则

226． 2017/2/74/多

《关于推进以审判为中心的刑事诉讼制度改革的意见》第13条要求完善法庭辩论规则,确保控辩意见发表在法庭。法庭应当充分听取控辩双方意见,依法保障被告人及其辩护人的辩论辩护权。关于这一规定的理解,下列哪些选项是正确的?①

A. 符合我国刑事审判模式逐步弱化职权主义色彩的发展方向
B. 确保控辩意见发表在法庭,核心在于保障被告人和辩护人能充分发表意见
C. 体现了刑事审判的公开性
D. 被告人认罪的案件的法庭辩论,主要围绕量刑进行

227． 2016/2/22/单

《中共中央关于全面深化改革若干重大问题的决定》提出"让审理者裁判、由裁判者负责"。结合刑事诉讼基本原理,关于这一表述的理解,下列哪一选项是正确的?②

A. 体现了我国刑事诉讼职能的进一步细化与完善
B. 体现了刑事诉讼直接原则的要求
C. 体现了刑事审判的程序性特征
D. 体现了刑事审判控辩式庭审方式改革的方向

228． 2013/2/37/单

开庭审判过程中,一名陪审员离开法庭处理个人事务,辩护律师提出异议并要求休庭,审判长予以拒绝,四十分钟后陪审员返回法庭继续参与审理。陪审长时间离开法庭的行为违背下列哪一审判原则?③

A. 职权主义原则　　　　　B. 证据裁判规则
C. 直接言词原则　　　　　D. 集中审理原则

229． 2011/2/32/单

审判长在法庭审理过程中突发心脏病,无法继续参与审判,需在庭外另行指派其他审判人员参加审判。法院院长的下列哪一做法是正确的?④

---

① ABD ② B ③ C ④ D

A. 指派一名陪审员担任审判长重新审理
B. 指派一名审判员担任审判长继续审理
C. 指派一名陪审员并指定原合议庭一名审判员担任审判长继续审理
D. 指定一名审判员担任审判长重新审理

230． 2010/2/73/多
下列哪些选项体现了集中审理原则的要求？①
A. 案件一旦开始审理即不得更换法官
B. 法庭审理应不中断地进行
C. 更换法官或者庭审中断时间较长的,应当重新进行审理
D. 法庭审理应当公开进行

231． 2009/2/25/单
下列哪一选项体现直接言词原则的要求？②
A. 法官亲自收集证据
B. 法官亲自在法庭上听取当事人、证人及其他诉讼参与人的口头陈述
C. 法庭审理尽可能不中断地进行
D. 法庭审理应当公开进行证据调查与辩论

考点51 审级制度

232． 2017/2/33/单
下列哪一选项属于两审终审制的例外？③
A. 自诉案件的刑事调解书经双方当事人签收后,即具有法律效力,不得上诉
B. 地方各级法院的第一审判决,法定期限内没有上诉、抗诉,期满即发生法律效力
C. 在法定刑以下判处刑罚的判决,报请最高法院核准后生效
D. 法院可通过再审,撤销或者改变已生效的二审判决

233． 2009/2/32/单
关于两审终审制度,下列哪一选项是正确的？④
A. 一个案件只有经过两级法院审理裁判才能生效
B. 经过两级法院审判所作的裁判都是生效裁判

① ABC ② B ③ C ④ C

C. 一个案件经过两级法院审判后对所作的裁判不能上诉

D. 一个案件经过两级法院审判后当事人就不能对判决、裁定提出异议

考点 52 审判组织

234． 2020 回忆/多

关于合议庭,下列哪些说法是错误的?①

A. 对于疑难、复杂、重大的案件,合议庭认为难以作出决定的,由合议庭直接提交审判委员会讨论决定

B. 合议庭进行评议的时候,如果意见分歧,应当按审判长的意见作出决定

C. 人民法院审判上诉案件,应当由审判员三人至七人组成合议庭进行

D. 合议庭的成员人数应当是单数

235． 2019 回忆/多

关于审判组织,下列说法不正确的是:②

A. 最高人民法院审理一审案件可以由 1 个审判员和 2 个人民陪审员组成合议庭

B. 某国企高管张某贪污 1 亿元,社会影响重大,市检察院公诉到中级人民法院,本案应当由人民陪审员和法官组成七人合议庭审理

C. 某区法院审理精神病人的强制医疗程序应当由 3 名审判员组成合议庭审理

D. 某县法院适用简易程序审理刘某侵占案,则应当由审判员 1 人独任审理

考点 53 人民陪审员制度

236． 2021 回忆/多

闵某是七人合议庭中的人民陪审员,关于闵某的权利,下列选项说法正确的是:③

A. 合议庭评议,可以就法律问题发表意见

B. 开庭前可以查阅案卷

C. 庭审中经审判长同意可以询问证人

D. 判决书副本应当送交给闵某

① ABC　② ACD　③ ABD

237. 2020回忆/任

下列关于人民陪审员制度的表述,正确的是:①

A. 人民陪审员可以组织自诉人和被告人进行调解
B. 三人合议庭中,人民陪审员只对事实问题进行表决
C. 人民陪审员参加七人的合议庭,由二个法官和五个陪审员组成
D. 人民陪审员由法院院长任命

238. 2015/2/35/单

罗某作为人民陪审员参与D市中级法院的案件审理工作。关于罗某的下列哪一说法是正确的?②

A. 担任人民陪审员,必须经D市人大常委会任命
B. 同法官享有同等权利,也能担任合议庭审判长
C. 可参与中级法院二审案件审理,并对事实认定、法律适用独立行使表决权
D. 可要求合议庭将案件提请院长决定是否提交审委会讨论决定

239. 2013/2/26/多

关于我国人民陪审员制度与一些国家的陪审团制度存在的差异,下列哪些选项是不正确的?③

A. 人民陪审员制度目的在于协助法院完成审判任务,陪审团制度目的在于制约法官
B. 人民陪审员与法官行使相同职权,陪审团与法官存在职权分工
C. 人民陪审员在成年公民中随机选任,陪审团从有选民资格的人员中聘任
D. 是否适用人民陪审员制度取决于当事人的意愿,陪审团适用于所有案件

240. 2011/2/35/单

陪审员王某参加一起案件审判。被告辩护人当庭提出被告有正当防卫和自首情节,公诉人予以否定,提请合议庭不予采信,审判长没有就此进行调查。王某对审判长没有征询合议庭其他成员意见就决定不予调查,在评议时提出异议,但审判长不同意。对此,关于王某可以行使的权力,下列哪

---

① A ② D ③ ABCD(原答案为B)。原为单选题,根据新法答案有变化,调整为多选题

一选项是正确的?①

A. 要求合议庭将案件提请院长决定是否展开调查
B. 要求合议庭将案件提交审判委员会讨论决定
C. 提请院长决定是否提交审判委员会讨论决定
D. 要求合议庭提请院长决定是否提交审判委员会讨论决定

241. 2009/2/74/多

张某系某基层法院陪审员,可以参与审判下列哪些案件?②

A. 所在区基层法院适用简易程序审理的案件
B. 所在市中级法院审理的一审案件
C. 所在市中级法院审理的二审案件
D. 所在省高级法院审理的一审案件

专题十五 第一审程序

考点54 公诉案件庭前审查

242. 2010/2/71/多

法院对检察院提起公诉的案件进行庭前审查,下列哪些做法是正确的?③

A. 发现被告人张某在起诉前已从看守所脱逃的,退回检察院
B. 法院裁定准许撤诉的抢劫案,检察院因被害人范某不断上访重新起诉的,不予受理
C. 起诉时提供的一名外地证人石某没有列明住址和通讯处的,通知检察院补送
D. 某被告人被抓获后始终一言不发,也没有任何有关姓名、年龄、住址、单位等方面的信息或线索的,不予受理

243. 2008/2/71/多

某县法院在对杨某绑架案进行庭前审查中,发现下列哪些情形时,应当将案件退回检察机关?④

A. 杨某在绑架的过程中杀害了人质
B. 杨某在审查起诉期间从看守所逃脱

---

① D ② ABD(原答案为BD) ③ AC(原答案为ABC) ④ AB

C. 检察机关移送起诉材料未附证据目录

D. 检察机关移送起诉材料欠缺已经委托辩护人的住址、通讯处

244. 2007/2/25/多

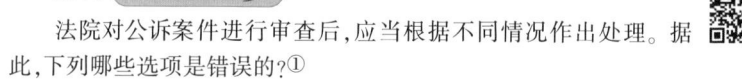

法院对公诉案件进行审查后,应当根据不同情况作出处理。据此,下列哪些选项是错误的?①

A. 对于不属于本院管辖的,应当通知检察院撤回起诉

B. 对于被告人不在案的,应当决定退回检察院

C. 法院裁定准许撤诉的案件,没有新的事实、证据,检察院重新起诉的,应当裁定驳回起诉

D. 法院作出了证据不足、指控的犯罪不能成立的无罪判决的案件,检察院依据新的事实、证据材料重新起诉的,法院应当根据禁止重复追诉原则不予受理

考点55 庭前准备

245. 2015/2/72/多

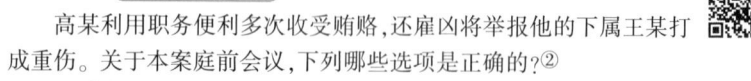

高某利用职务便利多次收受贿赂,还雇凶将举报他的下属王某打成重伤。关于本案庭前会议,下列哪些选项是正确的?②

A. 高某可就案件管辖提出异议

B. 王某提起附带民事诉讼的,可调解

C. 高某提出其口供系刑讯所得,法官可在审查讯问时同步录像的基础上决定是否排除口供

D. 庭前会议上出示过的证据,庭审时举证、质证可简化

246. 2014/2/71/多

关于庭前会议,下列哪些选项是正确的?③

A. 被告人有参加庭前会议的权利

B. 被害人提起附带民事诉讼的,审判人员可在庭前会议中进行调解

C. 辩护人申请排除非法证据的,可在庭前会议中就是否排除作出决定

D. 控辩双方可在庭前会议中就出庭作证的证人名单进行讨论

---

① ABCD(原答案为B)。原为单选题,根据新法答案有变化,调整为多选题　② AB
③ BD

| 刷题表 | 时　间 | 题号 | 一刷 | 二刷 | 题号 | 一刷 | 二刷 | 题号 | 一刷 | 二刷 | 题号 | 一刷 | 二刷 |

考点56　法庭审判程序

247． 2022 回忆/任

刘某在家突发疾病,其丈夫醉酒归来后立即拨打120,但救护车无法及时赶到。情急之下,刘某丈夫驾车送其去医院。事后刘某丈夫被人民检察院以危险驾驶罪提起公诉。关于本案的审理,下列说法正确的是:①

A. 法庭辩论中辩护人提出案发道路人员稀少的新事实,法院应恢复法庭调查
B. 庭审后,辩护人提交120接听记录作为紧急避险的证据,该记录经庭外征求意见后可作为定案的根据
C. 法院应对刘某危险驾驶的起因进行审查
D. 若法院适用速裁程序审理本案,则无须对定案证据进行质证

248． 2021 回忆/任

检察院以关某涉嫌盗窃罪提起公诉,关某表示认罪认罚,人民检察院建议对关某判处4年有期徒刑,法院适用简易程序审理本案。判决宣告前,法院发现关某还另有盗窃事实没有移送,于是通知检察院,检察院没有在指定时间内予以回复。下列关于法院的做法正确的是:②

A. 将简易程序转为普通程序进行审理
B. 应当对关某判处有期徒刑4年
C. 可以就新发现的犯罪事实自行调查
D. 应当就起诉书指控的事实作出裁判

249． 2019 回忆/单

张某因故意杀人罪被甲市检察院提起公诉,甲市中级法院以证据不足,判决张某无罪。一年后,甲市检察院发现新的证据,能证明张某构成故意杀人罪,应如何处理:③

A. 甲市检察院建议甲市中级法院撤销原无罪判决后,再提起公诉
B. 甲市检察院直接提起公诉
C. 甲市检察院抗诉提起再审
D. 甲市检察院建议甲市中级法院主动再审

250． 2016/2/36/多

法院在审理胡某持有毒品案时发现,胡某不仅持有毒品数量较

① C　② D　③ B

大,而且向他人出售毒品,构成贩卖毒品罪。关于本案,下列哪些选项是错误的?①

A. 如胡某承认出售毒品,法院可直接改判
B. 法院可在听取控辩双方意见基础上直接改判
C. 法院可建议检察院补充或者变更起诉
D. 法院可建议检察院退回补充侦查

251. 2016/2/96/任

甲女与乙男在某社交软件互加好友,手机网络聊天过程中,甲女多次向乙男发送暧昧言语和色情图片,表示可以提供有偿性服务。二人于酒店内见面后因价钱谈不拢而争吵,乙男强行将甲女留在房间内,并采用胁迫手段与其发生性关系。后甲女向公安机关报案,乙男则辩称双方系自愿发生性关系。

本案后起诉至法院,关于本案审理程序,下列选项正确的是:②

A. 应当不公开审理
B. 甲女因出庭作证而支出的交通、住宿的费用,法院应给予补助
C. 甲女可向法院提起附带民事诉讼要求乙男赔偿因受侵害而支出的医疗费
D. 公诉人讯问乙男后,甲女可就强奸的犯罪事实向乙男发问

252. 2015/2/36/多

关于我国刑事诉讼中起诉与审判的关系,下列哪些选项是错误的?③

A. 自诉人提起自诉后,在法院宣判前,可随时撤回自诉,法院应准许
B. 法院只能就起诉的罪名是否成立作出裁判
C. 在法庭审理过程中,法院可建议检察院补充、变更起诉
D. 对检察院提起公诉的案件,法院判决无罪后,检察院不能再次起诉

253. 2013/2/39/单

检察院以抢夺罪向法院提起公诉,法院经审理后查明被告人构成抢劫罪。关于法院的做法,下列哪一选项是正确的?④

A. 应当建议检察院改变起诉罪名,不能直接以抢劫罪定罪

---

① ABCD(原答案为C)。原为单选题,根据新法答案有变化,调整为多选题　② ACD
③ ABCD(原答案为C)。原为单选题,根据新法答案有变化,调整为多选题　④ B

B. 可以直接以抢劫罪定罪,不必建议检察院改变起诉罪名
C. 只能判决无罪,检察院应以抢劫罪另行起诉
D. 应当驳回起诉,检察院应以抢劫罪另行起诉

254． 2013/2/74/多

被告人刘某在案件审理期间死亡,法院作出终止审理的裁定。其亲属坚称刘某清白,要求法院作出无罪判决。对于本案的处理,下列哪些选项是正确的?①

A. 应当裁定终止审理
B. 根据已查明的案件事实和认定的证据,能够确认无罪的,应当判决宣告刘某无罪
C. 根据刘某亲属要求,应当撤销终止审理的裁定,改判无罪
D. 根据刘某亲属要求,应当以审判监督程序重新审理该案

255． 2012/2/69/多

审理一起团伙犯罪案时,因涉及多个罪名和多名被告人、被害人,审判长为保障庭审秩序,提高效率,在法庭调查前告知控辩双方注意事项。下列哪些做法是错误的?②

A. 公诉人和被告人仅就刑事部分进行辩论,被害人和被告人仅就附带民事部分进行辩论
B. 控辩双方仅在法庭辩论环节就证据的合法性、相关性问题进行辩论
C. 控辩双方可就证据问题、事实问题、程序问题以及法律适用问题进行辩论
D. 为保证控方和每名辩护人都有发言时间,控方和辩方发表辩论意见时间不超过30分钟

256． 2011/2/70/多

关于量刑程序,下列哪些说法是正确的?③

A. 检察院可以在公诉意见书中提出量刑建议
B. 合议庭在评议前应向到庭旁听的人发放调查问卷了解他们对量刑的意见
C. 简易程序审理的案件,被告人自愿承认指控的犯罪事实和罪名且知悉认罪法律后果的,法庭审理可以直接围绕量刑问题进行

① AB ② ABD ③ AC

D. 辩护人无权委托有关方面制作涉及未成年人的社会调查报告

257． 2009/2/34/单

检察院以涉嫌盗窃罪对赵某提起公诉。经审理，法院认为证明指控事实的证据间存在矛盾且无法排除，同时查明赵某年龄认定有误，该案发生时赵某未满16周岁。关于本案，法院应当采取下列哪一做法？①

A. 将案件退回检察院
B. 终止审理
C. 作证据不足、指控的犯罪不能成立的无罪判决
D. 判决宣告赵某不负刑事责任

258． 2008/2/38/单

按照我国《刑事诉讼法》的规定，关于法庭审理活动先后顺序的排列，下列哪一选项的组合是正确的？

①宣读勘验笔录；②公诉人发表公诉词；③讯问被告人；④询问证人、鉴定人；⑤出示物证；⑥被告人最后陈述。②

A. ②③⑤④①⑥
B. ③④⑤①②⑥
C. ②④⑤①⑥③
D. ③④①⑤②⑥

259． 2008/2/78/多

在法庭审理中，控方向法庭出示被告人实施抢劫时所持的匕首。关于该匕首，应当履行的法庭调查程序，下列哪些选项是正确的？③

A. 让被害人辨认
B. 让被告人辨认
C. 听取辩护人意见
D. 听取诉讼代理人意见

考点57 延期审理、中止审理和终止审理

260． 2012/2/31/单

下列哪一选项属于刑事诉讼中适用中止审理的情形？④

---

① C ② B ③ ABCD ④ C

A. 由于申请回避而不能进行审判的
B. 需要重新鉴定的
C. 被告人患有严重疾病,长时间无法出庭的
D. 检察人员发现提起公诉的案件需要补充侦查,提出建议的

261. 2008/2/70/多
关于刑事案件的延期审理和中止审理,下列哪些说法是正确的?①

A. 延期审理适用于法庭审理过程中,中止审理适用于法院受理案件后至作出判决前
B. 导致延期审理的原因是庭审自身出现障碍,因而不停止法庭审理以外的诉讼活动,导致中止审理的原因是出现了不能抗拒的情况,使诉讼活动无法正常进行,因而暂停诉讼活动
C. 延期审理的案件再行开庭的时间具有可预见性,中止审理的案件再行开庭的时间往往无法预见
D. 不论延期审理还是中止审理,其时间都计入审理期限

262. 2008/2/77/多 新法改编
在下列哪些情形下,经公诉人建议法庭延期审理的时间一次不得超过一个月?②

A. 发现事实不清、证据不足的
B. 发现遗漏罪行、遗漏同案犯罪嫌疑人,需要补充侦查或者补充提供证据的
C. 发现遗漏罪行或者遗漏同案犯罪嫌疑人,虽不需要补充侦查和补充提供证据,但需要补充、追加起诉的
D. 申请人民法院通知证人、鉴定人出庭作证的

考点58 法庭秩序

263. 2012/2/70/多
关于对法庭审理中违反法庭秩序的人员可采取的措施,下列哪些选项是正确的?③

A. 警告制止

---
① ABC ② ABCD ③ ABC

B. 强行带出法庭
C. 只能在1000元以下处以罚款
D. 只能在10日以下处以拘留

考点59 自诉案件审理程序

264. 2021 回忆/单
甲因乙诽谤自己从事淫秽色情行业,对自己造成不良影响,遂向法院提起自诉。后来由于该案社会影响重大、情节严重,危害社会公共秩序,公安机关决定立案侦查,检察院对乙依法提起公诉。下列哪一项说法是正确的?①

A. 在自诉案件审理中,若乙认罪认罚且同意适用速裁程序,可以适用速裁程序
B. 在公诉案件审理中,若乙认罪认罚且同意适用速裁程序,可以适用速裁程序
C. 在检察院提起公诉后,法院可以对自诉和公诉案件一并审理
D. 不论作为公诉案件还是自诉案件,如果乙真心悔过,双方可以和解

265. 2018 回忆/多
小张(女)与单位同事小陈自由恋爱,但小张的父亲老张一直嫌弃小陈家贫而横加干涉,并多次殴打小陈逼迫小陈离开小张,小张一气之下到某县法院对老张以暴力干涉婚姻自由罪提起自诉。法院立案后,在开庭审理前,小张念及父女情义,要求撤回起诉。下列表述不正确的是:②

A. 小张请求撤回起诉,某县法院应当裁定准许
B. 小张请求撤回起诉,某县法院应当裁定驳回起诉
C. 若某县法院发现小张证据不足,又提不出补充证据,应当说服小张撤诉,小张拒不撤诉的,应当裁定驳回起诉
D. 若某县法院发现小张证据不足,又提不出补充证据,应当说服小张撤诉或者裁定驳回起诉

266. 2014/2/37/单
关于自诉案件的程序,下列哪一选项是正确的?③
A. 不论被告人是否羁押,自诉案件与普通公诉案件的审理期限都相同

① D ② BC ③ B

B. 不论在第一审程序还是第二审程序中,在宣告判决前,当事人都可和解
C. 不论当事人在第一审还是第二审审理中提出反诉的,法院都应当受理
D. 在第二审程序中调解结案的,应当裁定撤销第一审裁判

267. 2011/2/72/多

关于自诉案件的和解和调解,下列哪些说法是正确的?①

A. 和解和调解适用于自诉案件
B. 和解和调解都适用于告诉才处理和被害人有证据证明的轻微案件
C. 和解和调解应当制作调解书、和解协议,由审判人员和书记员署名并加盖法院印章
D. 对于当事人已经签收调解书或法院裁定准许自诉人撤诉的案件,被告人被羁押的,应当予以解除

268. 2010/2/31/单

某法院在审理张某自诉伤害案中,发现被告人还实施过抢劫。对此,下列哪一做法是正确的?②

A. 继续审理伤害案,将抢劫案移送有管辖权的公安机关
B. 鉴于伤害案属于可以公诉的案件,将伤害案与抢劫案一并移送有管辖权的公安机关
C. 继续审理伤害案,建议检察院对抢劫案予以起诉
D. 对伤害案延期审理,待检察院对抢劫案起诉后一并予以审理

269. 2010/2/74/多

下列哪些案件法院审理时可以调解?③

A.《刑法》规定告诉才处理的案件
B. 被害人有证据证明的轻微刑事案件
C. 检察院决定不起诉后被害人提起自诉的案件
D. 刑事诉讼中的附带民事诉讼案件

270. 2009/2/33/单

关于自诉案件,下列哪一选项是正确的?④

A. 法院都可以进行调解

---

① BD ② A ③ ABD(原答案为AB) ④ B

B. 当事人在宣告判决前,可以自行和解
C. 被告人在诉讼过程中可以提起反诉
D. 只能由被害人亲自告诉

271． 2008/2/72/多
关于自诉案件的审理,下列哪些做法是正确的?①
A. 甲、乙系一起伤害案件的自诉人,案件审理中甲撤回起诉,法院继续案件审理
B. 某伤害案,因检察院作出不起诉决定,被害人提起自诉,审理中自诉人与被告人和解而撤回自诉,法院经审查准许
C. 某遗弃案,被告人在第二审程序中提出反诉,法院予以受理并与原自诉合并审理
D. 某侵犯知识产权案,第二审中当事人和解,法院裁定准许撤回自诉并撤销一审判决

考点60 简易程序

272． 2017/2/34/单
下列哪一案件可适用简易程序审理?②
A. 甲为境外非法提供国家秘密案,情节较轻,可能判处3年以下有期徒刑
B. 乙抢劫案,可能判处10年以上有期徒刑,检察院未建议适用简易程序
C. 丙传播淫秽物品案,经审查认为,情节显著轻微,可能不构成犯罪
D. 丁暴力取证案,可能被判处拘役,丁的辩护人作无罪辩护

273． 2017/2/93/任
甲、乙二人系药材公司仓库保管员,涉嫌5次共同盗窃其保管的名贵药材,涉案金额40余万元。一审开庭审理时,药材公司法定代表人丙参加庭审。经审理,法院认定了其中4起盗窃事实,另1起因证据不足未予认定,甲和乙以职务侵占罪分别被判处有期徒刑3年和1年。
关于丙参与法庭审理,下列选项正确的是:③
A. 丙可委托诉讼代理人参加法庭审理
B. 公诉人讯问甲和乙后,丙可就犯罪事实向甲、乙发问

① ABD ② B ③ AB

C. 丙可代表药材公司在附带民事诉讼中要求甲和乙赔偿被窃的药材损失
D. 丙反对适用简易程序的,应转为普通程序审理

274. 2016/2/28/单

王某系聋哑人,因涉嫌盗窃罪被提起公诉。关于本案,下列哪一选项是正确的?①
A. 讯问王某时,如有必要可通知通晓聋哑手势的人参加
B. 王某没有委托辩护人,应通知法律援助机构指派律师为其提供辩护
C. 辩护人经通知未到庭,经王某同意,法院决定开庭审理
D. 因事实清楚且王某认罪,实行独任审判

275. 2016/2/37/单

甲犯抢夺罪,法院经审查决定适用简易程序审理。关于本案,下列哪一选项是正确的?②
A. 适用简易程序必须由检察院提出建议
B. 如被告人已提交承认指控犯罪事实的书面材料,则无需再当庭询问其对指控的意见
C. 不需要调查证据,直接围绕罪名确定和量刑问题进行审理
D. 如无特殊情况,应当庭宣判

276. 2014/2/72/多

方某涉嫌在公众场合侮辱高某和任某,高某向法院提起自诉。关于本案的审理,下列哪些选项是正确的?③
A. 如果任某担心影响不好不愿起诉,任某的父亲可代为起诉
B. 法院通知任某参加诉讼并告知其不参加的法律后果,任某仍未到庭,视为放弃告诉,该案宣判后,任某不得再行自诉
C. 方某的弟弟系该案关键目击证人,经法院通知其无正当理由不出庭作证的,法院可强制其到庭
D. 本案应当适用简易程序审理

277. 2014/2/73/多

关于简易程序,下列哪些选项是正确的?④

① B ② D ③ BC ④ ABD

A. 甲涉嫌持枪抢劫,法院决定适用简易程序,并由两名审判员和一名人民陪审员组成合议庭进行审理
B. 乙涉嫌盗窃,未满16周岁,法院只有在征得乙的法定代理人和辩护人同意后,才能适用简易程序
C. 丙涉嫌诈骗并对罪行供认不讳,但辩护人为其做无罪辩护,法院决定适用简易程序
D. 丁涉嫌故意伤害,经审理认为可能不构成犯罪,遂转为普通程序审理

278． 2011/2/71/多

关于适用简易程序审理刑事案件变更为适用普通程序,下列哪些说法是正确的?①

A. 法院可以决定直接变更为普通程序审理,不需要将案件退回检察院
B. 对于自诉案件变更为普通程序的,按照自诉案件程序审理
C. 自诉案件由简易程序转化为普通程序时原起诉仍然有效,自诉人不必另行起诉
D. 在适用普通程序后又发现可适用简易程序时,可以再次变更为简易程序

279． 2009/2/76/多

关于简易程序,下列哪些选项是正确的?②

A. 自诉案件都可以适用简易程序
B. 即使适用简易程序,被告人最后陈述也不能取消
C. 被告人委托辩护人的,辩护人应当出庭
D. 经审判员准许,被告人可以同公诉人进行辩论

考点61 速裁程序

280． 2019 回忆/多

蒋某酒后醉驾发生交通事故,导致被害人轻伤,自己也截肢瘫痪。关于该案的刑事诉讼程序,下列哪些说法是不正确的?③

A. 由于蒋某瘫痪,因此可以不签署认罪认罚具结书
B. 法院可以到蒋某家里开庭审理该案
C. 适用速裁程序审理该案,审理期限可以延长至15日

---

① ABC(原答案为BC) ② BD ③ ACD

D. 如果被害人提起附带民事诉讼,则该案不能适用速裁程序

281. 2018回忆/多
关于速裁程序,下列哪些说法是不正确的?①
A. 法院适用速裁程序审理案件,应当在10日内审结
B. 适用速裁程序应当当庭宣判
C. 适用速裁程序审理案件,不应当进行法庭调查、法庭辩论,但在判决宣告前应当听取辩护人的意见
D. 对被告人适用速裁程序审理后发现可能判处的有期徒刑超过1年的,应当组成合议庭重新审理

考点62 单位犯罪案件审理程序

282. 2021回忆/单
甲公司涉嫌走私普通货物品罪,公司的法定代表人曹某也被追责,乙律师事务所的律师程某担任甲公司的诉讼代表人。关于本案的诉讼代表人和辩护人,下列哪一项说法是正确的?②
A. 程某担任诉讼代表人既可由甲公司委托,也可由检察机关指派
B. 曹某不可委托乙律师事务所的其他律师担任其辩护人
C. 程某在本案中行使辩护职能
D. 程某可以一并担任甲公司的辩护人

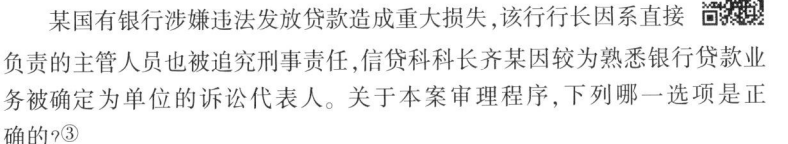

283. 2015/2/37/单
某国有银行涉嫌违法发放贷款造成重大损失,该行行长因系直接负责的主管人员也被追究刑事责任,信贷科科长齐某因为较为熟悉银行贷款业务被确定为单位的诉讼代表人。关于本案审理程序,下列哪一选项是正确的?③
A. 如该案在开庭审理前召开庭前会议,应通知齐某参加
B. 齐某无正当理由拒不出庭的,可拘传其到庭
C. 齐某可当庭拒绝银行委托的辩护律师为该行辩护
D. 齐某没有最后陈述的权利

284. 迅辉制药股份公司主要生产健骨消痛丸,公司法定代表人陆某指令保管员韩某采用不登记入库、销售人员打白条领取产品的方法销售,逃避缴

---
① ACD ② C ③ C

税65万元。迅辉公司及陆某以逃税罪被起诉到法院。

请回答第(1)~(3)题。

(1) 2013/2/92/任

可以作为迅辉公司单位犯罪的诉讼代表人的是:①

A. 公司法定代表人陆某
B. 被单位委托的职工王某
C. 保管员韩某
D. 公司副经理李某

(2) 2013/2/93/任

对迅辉公司财产的处置,下列选项正确的是:②

A. 涉及违法所得及其孳息,尚未被追缴的,法院应当追缴
B. 涉及违法所得及其孳息,尚未被查封、扣押、冻结的,法院应当查封、扣押、冻结
C. 为了保证判决的执行,对迅辉公司财产,法院应当先行查封、扣押、冻结
D. 如果迅辉公司能够提供担保,对其财产也可以不采取查封、扣押、冻结

(3) 2013/2/94/任

如迅辉公司在案件审理期间发生下列变故,法院的做法正确的是:③

A. 公司被撤销,不能免除单位和单位主管人员的刑事责任
B. 公司被注销,对单位不再追诉,对主管人员继续审理
C. 公司被合并,仍应将迅辉公司列为被告单位,并以其在新单位的财产范围承担责任
D. 公司被分立,应将分立后的单位列为被告单位,并以迅辉公司在新单位的财产范围承担责任

285. 2009/2/31/单

在单位犯罪案件的审理程序中,如被告单位的诉讼代表人与被指控为单位犯罪直接负责的主管人员是同一人,应当由下列哪一主体另行确定被告单位诉讼代表人?④

A. 被告单位

---

① B ② ABD ③ BC ④ C

B. 被告单位的直接主管机关

C. 检察院

D. 法院

286. (2008/2/29/单)

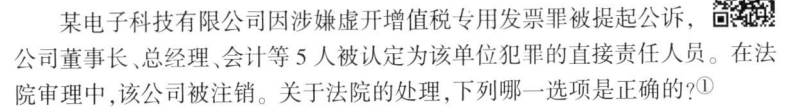

某电子科技有限公司因涉嫌虚开增值税专用发票罪被提起公诉,公司董事长、总经理、会计等5人被认定为该单位犯罪的直接责任人员。在法院审理中,该公司被注销。关于法院的处理,下列哪一选项是正确的?①

A. 继续审理

B. 终止审理

C. 终止审理,建议检察机关对公司董事长、总经理、会计等另行起诉

D. 退回检察机关,建议检察机关对公司董事长、总经理、会计等另行起诉

考点63 判决、裁定、决定

287. (2017/2/35/单)

在一审法院审理中出现下列哪一特殊情形时,应以判决的形式作出裁判?②

A. 经审理发现犯罪已过追诉时效且不是必须追诉的

B. 自诉人未经法庭准许中途退庭的

C. 经审理发现被告人系精神病人,在不能控制自己行为时造成危害结果的

D. 被告人在审理过程中死亡,根据已查明的案件事实和认定的证据,尚不能确认其无罪的

288. (2010/2/35/单)

关于刑事判决与裁定的区别,下列哪一选项是正确的?③

A. 判决解决案件的实体问题,裁定解决案件的程序问题

B. 一案中只能有一个判决,裁定可以有若干个

C. 判决只能以书面的形式表现,裁定只以口头作出

D. 不服判决与不服裁定的上诉、抗诉期限不同

289. 法院在刑事案件的审理过程中,根据对案件的不同处理需要使用判决、裁定和决定。请根据有关法律规定及刑事诉讼原理,回答第(1)~(3)题。

① A ② C ③ D

刷题表	时间	题号	一刷	二刷	题号	一刷	二刷	题号	一刷	二刷	题号	一刷	二刷

(1) 2009/2/95/任

关于判决、裁定、决定的适用对象,下列选项正确的是:①

A. 判决不适用于解决案件的程序问题
B. 裁定不适用于解决案件的实体问题
C. 决定只适用于解决案件的程序问题
D. 解决案件的程序问题只能用决定

(2) 2009/2/96/任

关于一个案件中适用判决、裁定、决定的数量,下列选项正确的是:②

A. 在一个案件中,可以有多个判决
B. 在一个案件中,可以有多个裁定
C. 在一个案件中,可以有多个决定
D. 在一个案件中,可以只有决定,而没有判决或裁定

(3) 2009/2/97/任

关于判决、裁定、决定的效力,下列选项正确的是:③

A. 判决只有经过法定上诉、抗诉期限才能发生法律效力
B. 裁定一经作出立即发生法律效力
C. 有些决定可以申请复议,复议期间不影响决定的效力
D. 法院减刑、假释裁定的法律效力并不最终确定,检察院认为不当而提出纠正意见的,法院应当重新组成合议庭进行审理,作出最终裁定

290. 2007/2/36/单

检察院以涉嫌诈骗罪对某甲提起公诉。经法庭审理,法院认定,某甲的行为属于刑法规定的"将代为保管的他人财物非法占为己有并拒不退还"的侵占行为。对于本案,检察院拒不撤回起诉时,法院的哪种处理方法是正确的?④

A. 裁定驳回起诉
B. 裁定终止审理
C. 迳行作出无罪判决
D. 以侵占罪作出有罪判决

291. 2006/2/79/多

下列哪些选项属于法院应当终止审理的情形?⑤

A. 张某涉销售赃物一案,经审理认为情节显著轻微危害不大的

① AC ② ABCD ③ CD ④ B ⑤ BD

· 88 ·

B. 赵某涉嫌抢劫一案,赵某在第一审开庭审理前发病猝死的
C. 李某以遭受遗弃为由提起自诉,法院审查后不予立案的
D. 王某以遭受虐待为由提起自诉,后又撤一回自诉的

专题十六 第二审程序

考点64 第二审程序的提起

292. 2015/2/38/单

黄某倒卖文物案于2014年5月28日一审终结。6月9日(星期一),法庭宣判黄某犯倒卖文物罪,判处有期徒刑4年并立即送达了判决书,黄某当即提起上诉,但于6月13日经法院准许撤回上诉;检察院以量刑畸轻为由于6月12日提起抗诉,上级检察院认为抗诉不当,于6月17日向同级法院撤回了抗诉。关于一审判决生效的时间,下列哪一选项是正确的?①

A. 6月9日 B. 6月17日
C. 6月19日 D. 6月20日

293. 2011/2/22/单

关于法定代理人对法院一审判决、裁定的上诉权,下列哪一说法是错误的?②

A. 自诉人高某的法定代理人有独立上诉权
B. 被告人李某的法定代理人有独立上诉权
C. 被害人方某的法定代理人有独立上诉权
D. 附带民事诉讼当事人吴某的法定代理人对附带民事部分有独立上诉权

294. 2005/2/76/多

甲与乙婚后六年,乙又与另一男子相爱,并通过熟人办理了结婚登记手续。甲得知后将乙起诉至法院,乙被法院以重婚罪判处有期徒刑一年。对本案第一审判决,哪些人享有独立上诉权?③

A. 甲 B. 乙
C. 甲、乙的父母 D. 乙的辩护人

---

① D(原答案为C) ② C ③ AB

刷题表	时间	题号	一刷	二刷	题号	一刷	二刷	题号	一刷	二刷	题号	一刷	二刷

295． 2005/2/34/单

叶某因挪用资金罪被判处有期徒刑一年缓刑两年,判决宣告时叶某表示不上诉。其被解除羁押后经向他人咨询,认为自己不构成犯罪,于是又想提出上诉。下列哪一项是正确的?①

A. 叶某已明确表示不上诉,因此不能再提起上诉
B. 需经法院同意,叶某才能上诉
C. 在上诉期满前,叶某有权提出上诉
D. 叶某可在上诉期满前提出上诉,但因一审判决未生效,需对他重新收押

296． 2002/2/92/任

一起共同抢劫案件,被告人张某被判处有期徒刑 5 年,被告人王某被判处有期徒刑 1 年。在一审宣判后,张某当即表示上诉,王某则表示不上诉,人民检察院没有抗诉。关于本案被告人的上诉问题,下列哪些说法是正确的?②

A. 因王某已表示不上诉,因此在第一审判决书送达后,人民法院即可将其交付执行
B. 在上诉期限内,被告人王某仍然可以提起上诉
C. 在上诉期限内,被告人张某有权撤回上诉
D. 在上诉期满后,被告人张某便无权撤回其上诉

考点65 上诉不加刑原则

297． 2022 回忆/单

甲因涉嫌盗窃罪和诈骗罪被提起公诉,一审法院判处甲盗窃罪有期徒刑 5 年、诈骗罪有期徒刑 5 年,两罪合并执行 8 年。甲不服判决提起上诉,检察院未抗诉。二审法院认为事实不清、证据不足,发回重审。重审后,一审法院判处甲盗窃罪有期徒刑 6 年,诈骗罪不予追究刑事责任,检察院对该判决提起抗诉。下列哪一说法是正确的?③

A. 发回重审后一审法院改判盗窃罪 6 年有期徒刑违反了上诉不加刑原则
B. 检察院抗诉后,二审法院对盗窃罪的判罚不能超过有期徒刑 6 年
C. 检察院抗诉后,二审法院对两罪的判罚合并执行不得超过有期徒刑 6 年

① C ② BC ③ D

D. 检察院抗诉后,二审法院对两罪的判罚合并执行不得超过有期徒刑8年

298. 2011/2/93/任

根据有关立法及司法解释的规定,对被判处死刑缓期执行的被告人可以同时决定对其限制减刑,因而涉及相关诉讼程序方面的问题。高级法院审理判处死刑缓期执行没有限制减刑的上诉案件,认为原判事实清楚、证据充分,但确有必要限制减刑的,下列处理程序正确的是:①

A. 直接改判
B. 发回重新审判
C. 维持原判不再纠正
D. 二审判决、裁定生效后,按照审判监督程序重新审判

299. 2010/2/36/多

某法院判决赵某犯诈骗罪处有期徒刑四年,犯盗窃罪处有期徒刑九年,合并执行有期徒刑十一年。赵某提出上诉。中级法院经审理认为,判处刑罚不当,犯诈骗罪应处有期徒刑五年,犯盗窃罪应处有期徒刑八年。根据上诉不加刑原则,下列哪些做法是正确的?②

A. 以事实不清、证据不足为由发回原审法院重新审理
B. 直接改判两罪刑罚,分别为五年和八年,合并执行十二年
C. 直接改判两罪刑罚,分别为五年和八年,合并执行仍为十一年
D. 维持一审判决

300. 2010/2/77/多

朱某自诉陈某犯诽谤罪,法院审理后,陈某反诉朱某侮辱罪。法院审查认为,符合反诉条件,合并审理此案,判处陈某有期徒刑一年,判处朱某有期徒刑一年。两人不服,均以对对方量刑过轻、己方量刑过重为由提出上诉。关于二审法院的判决,下列哪些选项是正确的?③

A. 如认为对两人量刑均过轻,可同时加重朱某和陈某的刑罚
B. 如认为对某一人的量刑过轻,可加重该人的刑罚
C. 即使认为对两人量刑均过轻,也不得同时加重朱某和陈某的刑罚
D. 如认为一审量刑过轻,只能通过审判监督程序纠正

---

① D ② CD(原答案为D)。原为单选题,根据新法答案有变化,调整为多选题 ③ AB

刷题表	时 间	题号	一刷	二刷	题号	一刷	二刷	题号	一刷	二刷	题号	一刷	二刷

301. 2009/2/35/多

下列哪些选项不违反上诉不加刑原则？①

A. 一审法院认定马某犯伤害罪判处有期徒刑三年，马某上诉，检察院没有抗诉，二审法院认为一审判决认定事实不清，发回原审法院重新审判
B. 一审法院认定赵某犯抢夺罪判处有期徒刑五年，赵某上诉，检察院没有抗诉，二审法院在没有改变刑期的情况下将罪名改判为抢劫罪
C. 一审法院以盗窃罪判处金某有期徒刑二年、王某有期徒刑一年，金某、王某以没有实施犯罪为由提起上诉，检察院认为对金某量刑畸轻提出抗诉，二审法院经审理认为一审对金某、王某量刑均偏轻，但仅对金某改判为五年
D. 一审法院认定石某犯杀人罪判处死刑立即执行，犯抢劫罪判处无期徒刑，数罪并罚决定执行死刑立即执行。石某上诉后，二审法院认为石某在抢劫现场杀人只构成抢劫罪一个罪，遂撤销一审对杀人罪的认定，以抢劫罪判处死刑立即执行

考点66 第二审程序的审判

302. 2021回忆/多

张某因挪用资金罪被甲市乙区法院判处有期徒刑1年，乙区人民检察院以量刑畸轻为由抗诉，甲市中院以事实不清，证据不足为由将本案发回重审，乙区法院改判挪用公款罪但刑期不变。张某不服提起上诉，下列哪些行为是正确的？②

A. 如甲市检察院认为抗诉不当，应要求乙区检察院撤回抗诉
B. 如甲市中院重审发现乙区法院违反回避制度，应将本案再次发回重审
C. 甲市中院不能对张某改判为有期徒刑2年
D. 甲市中院曾参与本案审判的合议庭人员应回避

303. 2017/2/94/任

甲、乙二人系药材公司仓库保管员，涉嫌5次共同盗窃其保管的名贵药材，涉案金额40余万元。一审开庭审理时，药材公司法定代表人丙参加庭审。经审理，法院认定了其中4起盗窃事实，另1起因证据不足未予认

---

① ABCD（原答案为D）。原为单选题，根据新法答案有变化，调整为多选题　② BC

定,甲和乙以职务侵占罪分别被判处有期徒刑3年和1年。

一审判决作出后,乙以量刑过重为由提出上诉,甲未上诉,检察院未抗诉。关于本案二审程序,下列选项正确的是:①

A. 二审法院受理案件后应通知同级检察院查阅案卷
B. 二审法院可审理并认定一审法院未予认定的1起盗窃事实
C. 二审法院审理后认为乙符合适用缓刑的条件,将乙改判为有期徒刑2年,缓刑2年
D. 二审期间,甲可另行委托辩护人为其辩护

304. 2016/2/38/单

龚某因生产不符合安全标准的食品罪被一审法院判处有期徒刑5年,并被禁止在刑罚执行完毕之日起3年内从事食品加工行业。龚某以量刑畸重为由上诉,检察院未抗诉。关于本案二审,下列哪一选项是正确的?②

A. 应开庭审理
B. 可维持有期徒刑5年的判决,并将职业禁止的期限变更为4年
C. 如认为原判认定罪名不当,二审法院可在维持原判刑罚不变的情况下改判为生产有害食品罪
D. 发回重审后,如检察院变更起诉罪名为生产有害食品罪,一审法院可改判并加重龚某的刑罚

305. 2016/2/73/多

某基层法院就郭某敲诈勒索案一审适用简易程序,判处郭某有期徒刑4年。对于一审中的下列哪些情形,二审法院应以程序违法为由,撤销原判发回重审?③

A. 未在开庭10日前向郭某送达起诉书副本
B. 由一名审判员独任审理
C. 公诉人没有对被告人进行发问
D. 应公开审理但未公开审理

306. 2015/2/95/任

鲁某与关某涉嫌贩卖冰毒500余克,B省A市中级法院开庭审理后,以鲁某犯贩卖毒品罪,判处死刑立即执行,关某犯贩卖毒品罪,判处死刑缓

① D ② C ③ BD

期二年执行。一审宣判后,关某以量刑过重为由向 B 省高级法院提起上诉,鲁某未上诉,检察院也未提起抗诉。如 B 省高级法院审理后认为,本案事实清楚、证据确实充分,对鲁某的量刑适当,但对关某应判处死刑缓期二年执行同时限制减刑,则对本案正确的做法是:①

A. 二审应开庭审理
B. 由于未提起抗诉,同级检察院可不派员出席法庭
C. 高级法院可将全案发回 A 市中级法院重新审判
D. 高级法院可维持对鲁某的判决,并改判关某死刑缓期二年执行同时限制减刑

307． 2014/2/38/单

甲乙丙三人共同实施故意杀人,一审法院判处甲死刑立即执行、乙无期徒刑、丙有期徒刑 10 年。丙以量刑过重为由上诉,甲和乙未上诉,检察院未抗诉。关于本案的第二审程序,下列哪一选项是正确的?②

A. 可不开庭审理
B. 认为没有必要的,甲可不再到庭
C. 由于乙没有上诉,其不得另行委托辩护人为其辩护
D. 审理后认为原判事实不清且对丙的量刑过轻,发回一审法院重审,一审法院重审后可加重丙的刑罚

308． 2011/2/37/单

关于发回重审,下列哪一说法是不正确的?③

A. 发回重审原则上不能超过二次
B. 在发回重审裁定书中应详细阐明发回重审的理由及法律根据
C. 一审剥夺或者限制了当事人的法定诉讼权利,可能影响公正审判的,应当发回重审
D. 发回重审应当撤销原判

309． 2011/2/73/多

关于检察院办理死刑上诉、抗诉案件的开庭前审查程序,下列哪些说法是正确的?④

A. 应当讯问被告人,听取被告人的上诉理由或者辩解
B. 应当听取辩护人的意见

① A ② B ③ A ④ ABD

C. 应当询问证人
D. 可以听取被害人的意见

310. 2009/2/79/多

下列哪些二审案件依法应当开庭审理?①
A. 甲犯贪污罪被一审判处有期徒刑五年,检察院认为量刑畸轻而抗诉的
B. 乙犯伤害罪被一审判处无期徒刑,乙上诉的
C. 丙犯抢劫罪被一审判处死刑缓期二年执行,丙对事实、证据无异议,以量刑过重为由上诉的
D. 丁犯杀人罪被一审判处死刑立即执行,丁上诉的

311. 2008/2/67/多

甲杀人案,犯罪手段残忍,影响恶劣,第一审法院为防止被害人家属和旁听群众在法庭上过于激愤影响顺利审判,决定作为特例不公开审理。经审理,第一审法院判处死刑立即执行,甲上诉。对于本案,第二审法院下列哪些做法是正确的?②
A. 组成合议庭
B. 把案件作为第一审案件审理
C. 审理后改判
D. 撤销原判,发回重审

312. 2004/2/33/单

某人民法院对被告人曹某等共同抢劫一案作出一审判决。曹某对犯罪事实供认不讳,仅以量刑过重为由提出上诉,其他被告人未提出上诉,人民检察院也未抗诉。二审法院经审理认为曹某构成犯罪,但曹某在二审作出裁判前因病死亡。二审法院应当如何处理该案件?③
A. 裁定全案终止审理,原判决自行生效
B. 裁定对上诉终止审理,维持一审判决
C. 裁定撤销一审判决,发回原审法院重审
D. 宣布对曹某终止审理,对其他被告人仍应作出判决或裁定

313. 2002/2/93/任

一起共同抢劫案件,被告人张某被判处有期徒刑 5 年,被告人王

---

① ACD(原答案为AD)　② AD　③ D

· 95 ·

某被判处有期徒刑1年。在一审宣判后，张某当即表示上诉，王某则表示不上诉，人民检察院没有抗诉。本案中，由于被告人张某提起了上诉，第二审程序便正式启动了。在第二审的审理中，下列哪些说法是正确的？①

A. 没有提起上诉的被告人王某有权委托辩护人
B. 提起上诉的被告人张某有权委托辩护人
C. 被告人王某应当参加第二审的法庭调查
D. 被告人王某应当参加第二审的法庭辩论

专题十七 死刑复核程序

考点67 判处死刑立即执行案件的复核程序

314. 2020 回忆/多
关于死刑复核及执行的相关程序，下列哪些选项是错误的？②

A. 甲被判处死刑立即执行，执行前要求会见他的前妻，人民法院应当及时通知
B. 同案审理的案件中，仅乙一人被判处死刑立即执行，其他未被判处死刑的同案被告人需要待最高人民法院核准乙的死刑后再交付执行
C. 最高人民法院对死刑作出核准后，不再接受律师的辩护意见
D. 死刑执行前发现罪犯丙是聋哑人，应当暂停执行，并层报最高人民法院

315. 2017/2/36/单
段某因贩卖毒品罪被中级法院判处死刑立即执行，段某上诉后省高级法院维持了一审判决。最高法院复核后认为，原判认定事实清楚，但量刑过重，依法不应当判处死刑，不予核准，发回省高级法院重新审判。关于省高级法院重新审判，下列哪一选项是正确的？③

A. 应另行组成合议庭
B. 应由审判员5人组成合议庭
C. 应开庭审理
D. 可直接改判死刑缓期2年执行，该判决为终审判决

316. 2016/2/39/单
甲和乙因故意杀人被中级法院分别判处死刑立即执行和无期徒

---

① AB ② ABCD ③ D

刑。甲、乙上诉后,高级法院裁定维持原判。关于本案,下列哪一选项是正确的?①

A. 高级法院裁定维持原判后,对乙的判决即已生效
B. 高级法院应先复核再报请最高法院核准
C. 最高法院如认为原判决对乙的犯罪事实未查清,可查清后对乙改判并核准甲的死刑
D. 最高法院如认为甲的犯罪事实不清、证据不足,不予核准死刑的,只能使用裁定

317. 2014/2/39/多

甲和乙共同实施拐卖妇女、儿童罪,均被判处死刑立即执行。最高法院复核后认为全案判决认定事实正确,甲系主犯应当判处死刑立即执行,但对乙可不立即执行。关于最高法院对此案的处理,下列哪些选项是正确的?②

A. 将乙改判为死缓,并裁定核准甲死刑
B. 对乙作出改判,并判决核准甲死刑
C. 对全案裁定不予核准,撤销原判,发回重审
D. 裁定核准甲死刑,撤销对乙的判决,发回重审

318. 2013/2/75/多

张某因犯故意杀人罪和爆炸罪,一审均被判处死刑立即执行,张某未上诉,检察机关也未抗诉。最高法院经复核后认为,爆炸罪的死刑判决事实不清、证据不足,但故意杀人罪死刑判决认定事实和适用法律正确、量刑适当。关于此案的处理,下列哪些选项是错误的?③

A. 对全案裁定核准死刑
B. 裁定核准故意杀人罪死刑判决,并对爆炸罪死刑判决予以改判
C. 裁定核准故意杀人罪死刑判决,并撤销爆炸罪的死刑判决,发回重审
D. 对全案裁定不予核准,并撤销原判,发回重审

319. 2012/2/33/单

关于死刑复核程序,下列哪一选项是正确的?④
A. 最高法院复核死刑案件,可以不讯问被告人

---

① D ② BC(原答案为B)。原为单选题,根据新法答案有变化,调整为多选题 ③ ABC
④ D

B. 最高法院复核死刑案件,应当听取辩护律师的意见
C. 在复核死刑案件过程中,最高检察院应当向最高法院提出意见
D. 最高法院应当将死刑复核结果通报最高检察院

320. 2010/2/37/单

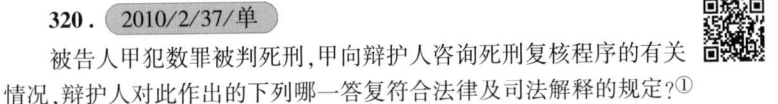

被告人甲犯数罪被判死刑,甲向辩护人咨询死刑复核程序的有关情况,辩护人对此作出的下列哪一答复符合法律及司法解释的规定?①

A. 应当调查甲的人际关系
B. 应当为甲指定辩护人
C. 应当审查甲犯罪的情节、后果及危害程度
D. 应当开庭审理并通知检察院派员出庭

321. 2008/2/79/多

关于死刑复核程序,下列哪些选项是正确的?②

A. 赵某因故意杀人罪和贩毒罪分别被判处死刑,最高法院对案件进行复核时,认为赵某贩毒罪的死刑判决认定事实和适用法律正确、量刑适当、程序合法,但故意杀人罪的死刑判决事实不清、证据不足,遂对全案裁定不予核准,撤销原判,发回重审
B. 钱某因绑架罪和抢劫罪分别被判处死刑,最高法院在对案件进行复核时,发现钱某绑架罪的死刑判决认定事实和适用法律正确、量刑适当、诉讼程序合法,抢劫罪的死刑判决认定事实清楚,但依法不应当判处死刑,遂对绑架罪作出核准死刑的判决,对抢劫罪的死刑判决予以改判
C. 孙某伙同李某持枪抢劫银行被分别判处死刑,最高法院进行复核时发现孙某的死刑判决认定事实和适用法律正确、量刑适当、程序合法,李某的死刑判决认定事实不清、证据不足,遂对全案裁定不予核准
D. 周某伙同吴某劫持航空器致人重伤被分别判处死刑,最高法院在复核时发现周某的死刑判决认定事实和适用法律正确、量刑适当、程序合法,吴某的死刑判决认定事实清楚,但依法不应当判处死刑,遂对周某作出核准死刑的判决,对吴某的死刑判决予以改判

① C ② ABCD

刷题表	时间	题号	一刷	二刷	题号	一刷	二刷	题号	一刷	二刷	题号	一刷	二刷

考点 68 判处死刑缓期二年执行案件的复核程序

322． 2015/2/96/任

鲁某与关某涉嫌贩卖冰毒 500 余克，B 省 A 市中级法院开庭审理后，以鲁某犯贩卖毒品罪，判处死刑立即执行，关某犯贩卖毒品罪，判处死刑缓期二年执行。一审宣判后，关某以量刑过重为由向 B 省高级法院提起上诉，鲁某未上诉，检察院也未提起抗诉。如 B 省高级法院审理后认为，一审判决认定事实和适用法律正确、量刑适当，裁定驳回关某的上诉，维持原判，则对本案进行死刑复核的正确程序是：①

A. 对关某的死刑缓期二年执行判决，B 省高级法院不再另行复核

B. 最高法院复核鲁某的死刑立即执行判决，应由审判员三人组成合议庭进行

C. 如鲁某在死刑复核阶段委托律师担任辩护人的，死刑复核合议庭应在办公场所当面听取律师意见

D. 最高法院裁定不予核准鲁某死刑的，可发回 A 市中级法院或 B 省高级法院重新审理

323． 2011/2/36/单

关于死刑缓期执行限制减刑案件的审理程序，下列哪一说法是正确的？②

A. 对一审法院作出的限制减刑的判决，被告人的辩护人、近亲属可以独立提起上诉

B. 高级法院认为原判对被告人判处死刑缓期执行适当但限制减刑不当的，应当改判，撤销限制减刑

C. 最高法院复核死刑案件，认为可以判处死刑缓期执行并限制减刑的，可以裁定不予核准，发回重新审判

D. 最高法院复核死刑案件，认为对部分被告人应当适用死刑缓期执行的，如符合《刑法》限制减刑规定，应当裁定不予核准，发回重新审判

324． 2011/2/92/任

根据有关立法及司法解释的规定，对被判处死刑缓期执行的被告人可以同时决定对其限制减刑，因而涉及相关诉讼程序方面的问题。关于犯罪分子可以适用死刑缓期执行限制减刑的案件，下列选项正确的是：③

---

① ABD ② B ③ ABCD

· 99 ·

A. 绑架案件
B. 抢劫案件
C. 爆炸案件
D. 有组织的暴力性案件

专题十八　审判监督程序

考点69 审判监督程序的功能和理念

325． 2016/2/74/多

《最高人民法院关于适用〈中华人民共和国刑事诉讼法〉的解释》第386条规定,除检察院抗诉的以外,再审一般不得加重原审被告人的刑罚。关于这一规定的理解,下列哪些选项是正确的?①

A. 体现了刑事诉讼惩罚犯罪和保障人权基本理念的平衡
B. 体现了刑事诉讼具有追求实体真实与维护正当程序两方面的目的
C. 再审不加刑有例外,上诉不加刑也有例外
D. 审判监督程序的纠错功能决定了再审不加刑存在例外情形

考点70 审判监督程序的提起

326． 2017/2/75/多

王某因间谍罪被甲省乙市中级法院一审判处死刑,缓期2年执行。王某没有上诉,检察院没有抗诉。判决生效后,发现有新的证据证明原判决认定的事实确有错误。下列哪些机关有权对本案提起审判监督程序?②

A. 乙市中级法院　　　　　　B. 甲省高级法院
C. 甲省检察院　　　　　　　D. 最高检察院

327． 2015/2/39/单

关于审判监督程序中的申诉,下列哪一选项是正确的?③

A. 二审法院裁定准许撤回上诉的案件,申诉人对一审判决提出的申诉,应由一审法院审理
B. 上一级法院对未经终审法院审理的申诉,应直接审理
C. 对经两级法院依照审判监督程序复查均驳回的申诉,法院不再受理
D. 对死刑案件的申诉,可由原核准的法院审查,也可交由原审法院审查

① ABD　② BD　③ D

328. 2010/2/38/单

甲因犯抢劫罪被市检察院提起公诉,经一审法院审理,判处死刑缓期二年执行。甲上诉,省高级法院核准死缓判决。根据审判监督程序规定,下列哪一做法是错误的?①

A. 最高法院自行对该案重新审理,依法改判
B. 最高法院指令省高级法院再审
C. 最高检察院对该案向最高法院提出抗诉
D. 省检察院对该案向省高院提出抗诉

考点 71 审判监督审理程序

329. 2021 回忆/任

甲、乙因诈骗罪被判处 3 年有期徒刑,缓期 3 年执行。二审判决生效 2 年后,在另一起诈骗案中发现该案事实认定有误,甲系为丙顶罪,且分担了乙的部分犯罪事实,于是人民检察院依法对本案提起抗诉,原二审法院依法对本案重新审理。关于本案的再审程序,下列说法正确的是:②

A. 再审中可以对乙加重处罚
B. 应当重新组成合议庭审理
C. 再审过程中可以对甲暂停执行未执行完毕的有期徒刑
D. 法院可以决定逮捕乙

330. 2014/2/75/多

关于审判监督程序,下列哪些选项是正确的?③

A. 只有当事人及其法定代理人、近亲属才能对已经发生法律效力的裁判提出申诉
B. 原审法院依照审判监督程序重新审判的案件,应当另行组成合议庭
C. 对于依照审判监督程序重新审判后可能改判无罪的案件,可中止原判决、裁定的执行
D. 上级法院指令下级法院再审的,一般应当指令原审法院以外的下级法院审理

331. 2013/2/40/单

法院就被告人"钱某"盗窃案作出一审判决,判决生效后检察院

① D ② ABC ③ BCD

发现"钱某"并不姓钱,于是在确认其真实身份后向法院提出其冒用他人身份,但该案认定事实和适用法律正确。关于法院对此案的处理,下列哪一选项是正确的?①

A. 可以建议检察院提出抗诉,通过审判监督程序加以改判
B. 可以自行启动审判监督程序加以改判
C. 可以撤销原判并建议检察机关重新起诉
D. 可以用裁定对判决书加以更正

332． 2012/2/34/单

关于审判监督程序,下列哪一选项是正确的?②

A. 对于原判决事实不清楚或者证据不足的,应当指令下级法院再审
B. 上级法院指令下级法院再审的,应当指令原审法院以外的下级法院审理;由原审法院审理更为适宜的,也可以指令原审法院审理
C. 不论是否属于由检察院提起抗诉的再审案件,逮捕由检察院决定
D. 法院按照审判监督程序审判的案件,应当决定中止原判决、裁定的执行

333． 2011/2/38/单

邢某因涉嫌强奸罪被判处有期徒刑。刑罚执行期间,邢某父母找到证人金某,证明案发时邢某正与金某在外开会,邢某父母提出申诉。法院对该案启动再审。关于原判决的执行,下列哪一说法是正确的?③

A. 继续执行原判决
B. 由再审法院裁定中止执行原判决
C. 由再审法院决定中止执行原判决
D. 报省级法院决定中止原判决

334． 2009/2/37/单

关于生效裁判申诉的审查处理,下列哪一选项是正确的?④

A. 赵某强奸案的申诉,由上级法院转交下级法院审查处理,不立申诉卷
B. 二审法院将不服本院裁判的刘某抢劫案的申诉交一审法院审查,一审法院审查后直接作出处理
C. 李某对最高法院核准死刑的案件的申诉,最高法院可以直接处理,也可以交原审法院审查。交原审法院审查的,原审法院应当写出审查报

① D ② B ③ C(原答案为B) ④ C

告,提出处理意见,逐级报最高法院审定
D. 高某受贿案的申诉,经两级法院处理后不服又申诉,法院不再受理

335. 2008/2/75/多

下列再审案件,哪些可以不开庭审理?①
A. 李某抢劫案,原判事实清楚、证据确实充分,但适用法律错误,量刑畸重
B. 葛某受贿案,葛某已死亡
C. 张某、卞某为同案原审被告人,张某在交通十分不便的边远地区监狱服刑,提审到庭确有困难,但未经抗诉的检察院同意
D. 陈某强奸案,原生效裁判于 1979 年之前作出

专题十九 涉外刑事诉讼程序与司法协助制度

考点72 涉外刑事诉讼程序

336. 2017/2/42/单

W 国人约翰涉嫌在我国某市 A 区从事间谍活动被立案侦查并提起公诉。关于本案诉讼程序,下列哪一选项是正确的?②
A. 约翰可通过 W 国驻华使馆委托 W 国律师为其辩护
B. 本案由 A 区法院一审
C. 约翰精通汉语,开庭时法院可不为其配备翻译人员
D. 给约翰送达的法院判决书应为中文本

337. 2010/2/79/多

下列哪些案件适用涉外刑事诉讼程序?③
A. 在公海航行的我国货轮被索马里海盗抢劫的案件
B. 我国国内一起贩毒案件的关键目击证人在诉讼时身在国外
C. 陈某经营的煤矿发生重大安全事故后携款潜逃国外的案件
D. 我驻某国大使馆内中方工作人员甲、乙因看世界杯而发生斗殴的故意伤害案件

338. 2011/2/95/任

李某、阮某持某外国护照,涉嫌贩卖毒品罪被检察机关起诉至某

---
① ABD ② D ③ ABC

· 103 ·

市中级法院。关于李某、阮某的诉讼权利及本案诉讼程序,下列说法正确的是:①

A. 即使李某、阮某能够使用中文交流,也应当允许其使用本国语言进行诉讼
B. 向李某、阮某送达中文本诉讼文书时,可以附有李某、阮某通晓的外文译本
C. 李某、阮某只能委托具有中华人民共和国律师资格并依法取得执业证书的律师作为辩护人
D. 如我国缔结或参加的国际条约中有关于刑事诉讼程序具体规定的,审理该案均适用该条约的规定

考点73 刑事司法协助

339. 2009/2/38/单
根据我国涉外刑事案件审理程序规定,下列哪一选项是正确的?②

A. 国籍不明又无法查清的,以中国国籍对待,不适用涉外刑事案件审理程序
B. 法院审判涉外刑事案件,不公开审理
C. 对居住在国外的中国籍当事人,可以委托我国使、领馆代为送达
D. 外国法院通过外交途径请求我国法院向外国驻华使、领馆商务参赞送达法律文书的,应由我国有关高级法院送达

专题二十 执 行

考点74 执行机关

340. 2016/2/40/单
关于生效裁判执行,下列哪一做法是正确的?③

A. 甲被判处管制1年,由公安机关执行
B. 乙被判处有期徒刑1年宣告缓刑2年,由社区矫正机构执行
C. 丙被判处有期徒刑1年6个月,在被交付执行前,剩余刑期5个月,由看守所代为执行

① A ② C ③ B

D. 丁被判处 10 年有期徒刑并处没收财产,没收财产部分由公安机关执行

341. 2013/2/24/单

赵某因绑架罪被甲省 A 市中级法院判处死刑缓期两年执行,后交付甲省 B 市监狱执行。死刑缓期执行期间,赵某脱逃至乙省 C 市实施抢劫被抓获,C 市中级法院一审以抢劫罪判处无期徒刑。赵某不服判决,向乙省高级法院上诉。乙省高级法院二审维持一审判决。此案最终经最高法院核准死刑立即执行。关于执行赵某死刑的法院,下列哪一选项是正确的?①

A. A 市中级法院
B. B 市中级法院
C. C 市中级法院
D. 乙省高级法院

342. 2011/2/96/任

李某、阮某持某外国护照,涉嫌贩卖毒品罪被检察机关起诉至某市中级法院。如李某、阮某被判处刑罚同时附加判处罚金,下列说法正确的是:②

A. 李某、阮某在判决确定期限内未足额缴纳的,法院应当在期满后强制缴纳
B. 李某、阮某未全部缴纳罚金的,在其后发现有可供执行财产,法院可以追缴
C. 李某、阮某在判处罚金之前所负正当债务应偿还的,经债权人提出请求,先行予以偿还
D. 法院发现李某、阮某有可供执行的财产需要查封、扣押、冻结的,可以采取查封、扣押、冻结措施

343. 在一起共同犯罪案件中,主犯王某被判处有期徒刑 15 年,剥夺政治权利 3 年,并处没收个人财产;主犯朱某被判处有期徒刑 10 年,剥夺政治权利 2 年,罚金 2 万元人民币;从犯李某被判处有期徒刑 8 个月;从犯周某被判处管制 1 年,剥夺政治权利 1 年。请回答(1)~(3)题。

(1) 2008/2/95/任

在本案中,由监狱执行刑罚的罪犯是:③

---

① B ② A(原答案为 AC) ③ ABC(原答案为 AB)

A. 王某　　　　　　　　　B. 朱某
C. 李某　　　　　　　　　D. 周某

(2) 2008/2/96/任 新法改编
对周某刑罚的执行机关是：①
A. 人民法院　　　　　　　B. 公安机关
C. 监狱　　　　　　　　　D. 社区矫正机构

(3) 2008/2/97/任
所判刑罚既需要法院执行，又需要公安机关执行的罪犯是：②
A. 王某　　　　　　　　　B. 周某
C. 李某　　　　　　　　　D. 朱某

考点 75 各种判决、裁定的执行程序

344． 2018 回忆/多

甲因抢劫罪在某市中级法院受审，经过审理，法院在刑事裁判中认定其抢劫的财物涉及现金 10 万元，电脑一台（发票价值 1 万元）、古玩花瓶一件（发票价值 100 万元）、手表一块（发票价值 1 万元）。法院应当对下列哪些财物进行追缴？③

A. 抢劫的电脑，当二手商品在网络平台上卖出 6000 元
B. 抢劫的现金，用于偿还赌债
C. 抢劫的古玩花瓶，以 10 万元的价格卖给古玩收藏家
D. 抢劫的手表，送给了不知情的女友

345． 2017/2/37/单

甲纠集他人多次在市中心寻衅滋事，造成路人乙轻伤、丙的临街商铺严重受损。甲被起诉到法院后，乙和丙提起附带民事诉讼。法院判处甲有期徒刑 6 年，罚金 1 万元，赔偿乙医疗费 1 万元，赔偿丙财产损失 4 万元。判决生效交付执行后，查明甲除 1 辆汽车外无其他财产，且甲曾以该汽车抵押获取小额贷款，尚欠银行贷款 2.5 万元，银行主张优先受偿。法院以 8 万元的价格拍卖了甲的汽车。关于此 8 万元的执行顺序，下列哪一选项是正确的？④

A. 医疗费→银行贷款→财产损失→罚金
B. 医疗费→财产损失→银行贷款→罚金

---

① BD　② AD　③ BCD　④ A

106

C. 银行贷款→医疗费→财产损失→罚金

D. 医疗费→财产损失→罚金→银行贷款

346. 2015/2/40/单

关于刑事裁判涉财产部分执行,下列哪一说法是正确的?①

A. 对侦查机关查封、冻结、扣押的财产,法院执行时可直接裁定处置,无需侦查机关出具解除手续

B. 法院续行查封、冻结、扣押的顺位无需与侦查机关的顺位相同

C. 刑事裁判涉财产部分的裁判内容应明确具体,涉案财产和被害人均应在判决书主文中详细列明

D. 刑事裁判涉财产部分,应由与一审法院同级的财产所在地的法院执行

347. 2014/2/74/多

关于有期徒刑缓刑、拘役缓刑的执行,下列哪些选项是正确的?②

A. 对宣告缓刑的罪犯,法院应当核实其居住地

B. 法院应当向罪犯及原所在单位或居住地群众宣布犯罪事实、期限及应遵守的规定

C. 罪犯在缓刑考验期内犯新罪应当撤销缓刑的,由原审法院作出裁定

D. 法院撤销缓刑的裁定,一经作出立即生效

348. 被告人王某故意杀人案经某市中级法院审理,认为案件事实清楚,证据确实、充分。请根据下列条件,回答(1)~(2)题。

(1) 2010/2/95/任

如王某被判处死刑立即执行,下列选项正确的是:③

A. 核准死刑立即执行的机关是最高法院

B. 签发死刑立即执行命令的是最高法院审判委员会

C. 王某由作出一审判决的法院执行

D. 王某由法院交由监狱或指定的羁押场所执行

(2) 2010/2/96/任

如王某被判处无期徒刑,附加剥夺政治权利,下列选项正确的是:④

A. 无期徒刑的执行机关是监狱

B. 剥夺政治权利的执行机关是公安机关

---

① A ② AD ③ AC ④ ABC

C. 对王某应当剥夺政治权利终身
D. 如王某减刑为有期徒刑,剥夺政治权利的期限应改为十五年

考点76 死刑执行的变更

349. 2008/2/68/多

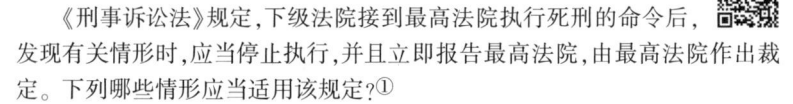

《刑事诉讼法》规定,下级法院接到最高法院执行死刑的命令后,发现有关情形时,应当停止执行,并且立即报告最高法院,由最高法院作出裁定。下列哪些情形应当适用该规定?①

A. 发现关键定罪证据可能是刑讯逼供所得
B. 判决书认定的年龄错误,实际年龄未满18周岁
C. 提供一重大银行抢劫案线索,经查证属实
D. 罪犯正在怀孕

考点77 暂予监外执行

350. 2017/2/38/单

张某居住于甲市A区,曾任甲市B区某局局长,因受贿罪被B区法院判处有期徒刑5年,执行期间突发严重疾病而被决定暂予监外执行。张某在监外执行期间违反规定,被决定收监执行。关于本案,下列哪一选项是正确的?②

A. 暂予监外执行由A区法院决定
B. 暂予监外执行由B区法院决定
C. 暂予监外执行期间由A区司法行政机关实行社区矫正
D. 收监执行由B区法院决定

351. 2014/2/26/单

钱某涉嫌纵火罪被提起公诉,在法庭审理过程中被诊断患严重疾病,法院判处其有期徒刑8年,同时决定予以监外执行。下列哪一选项是错误的?③

A. 决定监外执行时应当将暂予监外执行决定抄送检察院
B. 钱某监外执行期间,应当对其实行社区矫正
C. 如钱某拒不报告行踪、脱离监管,应当予以收监
D. 如法院作出收监决定,钱某不服,可向上一级法院申请复议

① ABCD ② C ③ D

352. 2012/2/35/单

下列哪一选项是2012年《刑事诉讼法修正案》新增加的规定内容？①

A. 怀孕或者正在哺乳自己婴儿的妇女可以暂予监外执行
B. 监狱、看守所提出暂予监外执行的书面意见的,应当将书面意见的副本抄送检察院
C. 决定或者批准暂予监外执行的机关应当将暂予监外执行决定抄送检察院
D. 检察院认为暂予监外执行不当的,应当在法定期间内将书面意见送交决定或者批准暂予监外执行的机关

考点78 减刑、假释

353. 2018回忆/单

张三因抢劫罪被判处有期徒刑十年,在服刑期间表现良好,符合减刑条件。关于减刑的审理程序,下列哪一选项是正确的？②

A. 张三应当对自己符合减刑条件承担证明责任
B. 法院可以书面审理张三的减刑案件
C. 法院可以由一名法官独任审理张三的减刑案件
D. 如果有证人,审理中应当通知证人出庭证明张三具有减刑行为

354. 2015/2/41/单

关于减刑、假释案件审理程序,下列哪一选项是正确的？③

A. 甲因抢劫罪和绑架罪被法院决定执行有期徒刑20年,对甲的减刑,应由其服刑地高级法院作出裁定
B. 乙因检举他人重大犯罪活动被报请减刑的,法院应通知乙参加减刑庭审
C. 丙因受贿罪被判处有期徒刑5年,对丙的假释,可书面审理,但必须提讯丙
D. 丁因强奸罪被判处无期徒刑,对丁的减刑,可聘请律师到庭发表意见

---

① B ② B ③ B

第三编 特别程序

专题二十一 未成年人刑事案件诉讼程序

考点79 未成年人刑事案件诉讼程序

355． 2021 回忆/任

男孩小刚(15 岁)强行与女孩小丽(13 岁)发生了性关系,公安机关对小刚进行立案侦查。关于本案的处理,下列说法正确的是:①

A. 由于小刚涉嫌的罪名较重,不适用附条件不起诉
B. 审查起诉期间,小刚父亲对小刚认罪认罚有异议,可将异议内容在认罪认罚具结书中注明,但不影响对小刚从宽处罚
C. 在对小丽进行询问时,如果其法定代理人或者合适成年人不在场,其被害人陈述不得作为定案根据
D. 法庭审理中,法庭可以通知对小刚在侦查阶段进行社会调查的社会工作者出庭说明情况

356． 2017/2/39/单

未成年人小周涉嫌故意伤害被取保候审,A 县检察院审查起诉后决定对其适用附条件不起诉,监督考察期限为 6 个月。关于本案处理,下列哪一选项是正确的?②

A. 作出附条件不起诉决定后,应释放小周
B. 本案审查起诉期限自作出附条件不起诉决定之日起中止
C. 监督考察期间,如小周经批准迁居 B 县继续上学,改由 B 县检察院负责监督考察
D. 监督考察期间,如小周严格遵守各项规定,表现优异,可将考察期限缩短为 5 个月

357． 2016/2/75/多

未成年人小天因涉嫌盗窃被检察院适用附条件不起诉。关于附条件不起诉可以附带的条件,下列哪些选项是正确的?③

① AD ② B ③ ABC

A. 完成一个疗程四次的心理辅导
B. 每周参加一次公益劳动
C. 每个月向检察官报告日常花销和交友情况
D. 不得离开所居住的县

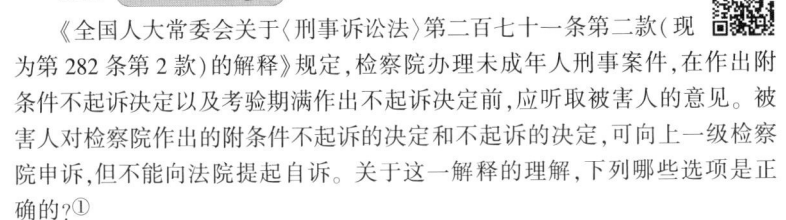

358． 2015/2/71/多
《全国人大常委会关于〈刑事诉讼法〉第二百七十一条第二款(现为第 282 条第 2 款)的解释》规定,检察院办理未成年人刑事案件,在作出附条件不起诉决定以及考验期满作出不起诉决定前,应听取被害人的意见。被害人对检察院作出的附条件不起诉的决定和不起诉的决定,可向上一级检察院申诉,但不能向法院提起自诉。关于这一解释的理解,下列哪些选项是正确的？①
A. 增加了听取被害人陈述意见的机会
B. 有利于对未成年犯罪嫌疑人的转向处置
C. 体现了对未成年犯罪嫌疑人的特殊保护
D. 是刑事公诉独占主义的一种体现

359． 2015/2/73/多
律师邹某受法律援助机构指派,担任未成年人陈某的辩护人。关于邹某的权利,下列哪些说法是正确的？②
A. 可调查陈某的成长经历、犯罪原因、监护教育等情况,并提交给法院
B. 可反对法院对该案适用简易程序,法院因此只能采用普通程序审理
C. 可在陈某最后陈述后进行补充陈述
D. 可在有罪判决宣告后,受法庭邀请参与对陈某的法庭教育

360． 2015/2/74/多 新法改编
甲、乙系初三学生,因涉嫌抢劫同学丙(三人均不满 16 周岁)被立案侦查。关于该案诉讼程序,下列哪些选项是正确的？③
A. 审查批捕讯问时,甲拒绝为其提供的合适成年人到场且有正当理由的,应在征求其意见后另行通知其他合适成年人到场
B. 讯问乙时,因乙的法定代理人无法到场而通知其伯父到场,其伯父可代行乙的控告权
C. 法庭审理询问丙时,应通知丙的法定代理人到场

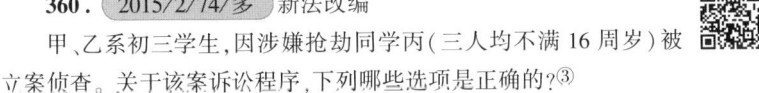

① ABC ② ABD ③ AC

D. 如该案适用简易程序审理,甲的法定代理人不能到场时可不再通知其他合适成年人到场

361. 黄某(17周岁,某汽车修理店职工)与吴某(16周岁,高中学生)在餐馆就餐时因琐事与赵某(16周岁,高中学生)发生争吵,并殴打赵某致其轻伤。检察院审查后,综合案件情况,拟对黄某作出附条件不起诉决定,对吴某作出不起诉决定。请回答第(1)~(3)题。

(1) 2014/2/94/任

关于本案审查起诉的程序,下列选项正确的是:①
A. 应当对黄某、吴某的成长经历、犯罪原因和监护教育等情况进行社会调查
B. 在讯问黄某、吴某和询问赵某时,应当分别通知他们的法定代理人到场
C. 应当分别听取黄某、吴某的辩护人的意见
D. 拟对黄某作出附条件不起诉决定,应当听取赵某及其法定代理人与诉讼代理人的意见

(2) 2014/2/95/任

关于对黄某的考验期,下列选项正确的是:②
A. 从宣告附条件不起诉决定之日起计算
B. 不计入检察院审查起诉的期限
C. 可根据黄某在考验期间的表现,在法定范围内适当缩短或延长
D. 如黄某违反规定被撤销附条件不起诉决定而提起公诉,已经过的考验期可折抵刑期

(3) 2014/2/96/任

关于本案的办理,下列选项正确的是:③
A. 在对黄某作出附条件不起诉决定、对吴某作出不起诉决定时,必须达成刑事和解
B. 检察院对黄某作出附条件不起诉决定、对吴某作出不起诉决定时,可要求他们向赵某赔礼道歉、赔偿损失
C. 在附条件不起诉考验期内,检察院可将黄某移交有关机构监督考察
D. 检察院对黄某作出附条件不起诉决定,对吴某作出不起诉决定后,均

① BCD ② BC ③ B

应将相关材料装订成册,予以封存

362. 2013/2/72/多

检察机关对未成年人童某涉嫌犯罪的案件进行审查后决定附条件不起诉。在考验期间,下列哪些情况下可以对童某撤销不起诉的决定、提起公诉?①

A. 根据新的证据确认童某更改过年龄,在实施涉嫌犯罪行为时已满十八周岁的
B. 发现决定附条件不起诉以前还有其他犯罪需要追诉的
C. 违反考察机关有关附条件不起诉的监管规定,情节严重的
D. 违反治安管理规定,情节严重的

363. 2012/2/36/单

关于附条件不起诉,下列哪一说法是错误的?②

A. 只适用于未成年人案件
B. 应当征得公安机关、被害人的同意
C. 未成年犯罪嫌疑人及其法定代理人对附条件不起诉有异议的应当起诉
D. 有悔罪表现时,才可以附条件不起诉

364. 2012/2/73/多

《刑事诉讼法》规定,审判的时候被告人不满18周岁的案件,不公开审理。但是,经未成年被告人及其法定代理人同意,未成年被告人所在学校和未成年人保护组织可以派代表到场。关于该规定的理解,下列哪些说法是错误的?③

A. 该规定意味着经未成年被告人及其法定代理人同意,可以公开审理
B. 未成年被告人所在学校和未成年人保护组织派代表到场是公开审理的特殊形式
C. 未成年被告人所在学校和未成年人保护组织经同意派代表到场是为了维护未成年被告人合法权益和对其进行教育
D. 未成年被告人所在学校和未成年人保护组织经同意派代表到场与审判的时候被告人不满18周岁的案件不公开审理并不矛盾

① ABCD ② B ③ AB

365. `2012/2/74/多`

关于犯罪记录封存的适用条件,下列哪些选项是正确的?①

A. 犯罪的时候不满18周岁

B. 被判处5年有期徒刑以下刑罚

C. 初次犯罪

D. 没有受过其他处罚

366. `2011/2/33/多`

赵某因涉嫌抢劫犯罪被抓获,作案时未满18周岁,案件起诉到法院时已年满18周岁。下列哪些说法是不正确的?②

A. 本案由少年法庭审理

B. 对赵某不公开审理

C. 对赵某进行审判,可以通知其法定代理人到场

D. 对赵某进行审判,应当通知其监护人到场

367. `2010/2/78/多`

根据《人民检察院办理未成年人刑事案件的规定》,关于检察院审查批捕未成年犯罪嫌疑人,下列哪些做法是正确的?③

A. 讯问未成年犯罪嫌疑人,应当通知法定代理人到场

B. 讯问女性未成年犯罪嫌疑人,应当有女检察人员参加

C. 讯问未成年犯罪嫌疑人一般不得使用戒具

D. 对难以判断犯罪嫌疑人实际年龄,影响案件认定的,应当作出不批准逮捕的决定

368. `2009/2/77/多` 新法改编

关于审理未成年人刑事案件,下列哪些选项是正确的?④

A. 不能适用简易程序

B. 询问未成年被害人、证人时,应当采取同步录音录像等措施,尽量一次完成

C. 休庭时,可以允许法定代理人或者其他成年近亲属、教师会见未成年被告人

D. 对未成年人案件,宣告判决应当公开进行

---

① AB ② ABCD(原答案为A)。原为单选题,根据新法答案有变化,调整为多选题
③ ABCD ④ CD

刷题表	时 间	题号	一刷	二刷	题号	一刷	二刷	题号	一刷	二刷	题号	一刷	二刷

369. 2008/2/73/多

对于犯罪情节轻微,且具有规定情形,依照《刑法》不需要判处刑罚或者免除刑罚的未成年犯罪嫌疑人,一般应当依法作出不起诉决定。下列哪些情形适用该规定?①

A. 被胁迫参与犯罪的
B. 是又聋又哑人的
C. 因紧急避险过当构成犯罪的
D. 有自首或者重大立功表现的

专题二十二 当事人和解的公诉案件诉讼程序

考点80 当事人和解的公诉案件诉讼程序

370. 2022 回忆/单

甲交通肇事致乙死亡,在审查起诉中,甲与乙的妻子丙达成和解协议,并认罪认罚,签署具结书。法院适用速裁程序审理,但甲在庭审中态度恶劣,不愿悔罪,丙反悔,不再同意和解。一审法院宣判后,甲以事实不清、证据不足为由提起上诉。上诉期间甲态度好转,又与丙达成和解。关于本案的处理,下列哪一说法是正确的?②

A. 若甲已全部履行和解协议约定的赔偿损失内容,一审法院对丙的反悔应不予支持
B. 法院可继续适用速裁程序审理本案
C. 对于两人第二次达成和解,法院应听取检察院的意见
D. 二审法院应裁定撤销原判,发回重审

371. 2017/2/40/单

董某(17岁)在某景点旅游时,点燃荒草不慎引起大火烧毁集体所有的大风公司林地,致大风公司损失5万元,被检察院提起公诉。关于本案处理,下列哪一选项是正确的?③

A. 如大风公司未提起附带民事诉讼,检察院可代为提起,并将大风公司列为附带民事诉讼原告人
B. 董某与大风公司既可就是否对董某免除刑事处分达成和解,也可就民事赔偿达成和解

---

① ABCD ② C ③ C

C. 双方刑事和解时可约定由董某在1年内补栽树苗200棵

D. 如双方达成刑事和解,检察院经法院同意可撤回起诉并对董某适用附条件不起诉

372. 2016/2/41/单

下列哪一案件可以适用当事人和解的公诉案件诉讼程序?①

A. 甲因侵占罪被免除处罚2年后,又涉嫌故意伤害致人轻伤

B. 乙涉嫌寻衅滋事,在押期间由其父亲代为和解,被害人表示同意

C. 丙涉嫌过失致人重伤,被害人系限制行为能力人,被害人父亲愿意代为和解

D. 丁涉嫌破坏计算机信息系统,被害人表示愿意和解

373. 2015/2/75/多

甲因琐事与乙发生口角进而厮打,推搡之间,不慎致乙死亡。检察院以甲涉嫌过失致人死亡提起公诉,乙母丙向法院提起附带民事诉讼。关于本案处理,下列哪些选项是正确的?②

A. 法院可对附带民事部分进行调解

B. 如甲与丙经法院调解达成协议,调解协议中约定的赔偿损失内容可分期履行

C. 如甲提出申请,法院可组织甲与丙协商以达成和解

D. 如甲与丙达成刑事和解,其约定的赔偿损失内容可分期履行

374. 2014/2/40/单

甲因邻里纠纷失手致乙死亡,甲被批准逮捕。案件起诉后,双方拟通过协商达成和解。对于此案的和解,下列哪一选项是正确的?③

A. 由于甲在押,其近亲属可自行与被害方进行和解

B. 由于乙已经死亡,可由其近亲属代为和解

C. 甲的辩护人和乙近亲属的诉讼代理人可参与和解协商

D. 由于甲在押,和解协议中约定的赔礼道歉可由其近亲属代为履行

375. 2013/2/71/多

李某因琐事将邻居王某打成轻伤。案发后,李家积极赔偿,赔礼道歉,得到王家谅解。如检察院根据双方和解对李某作出不起诉决定,需要同时具备下列哪些条件?④

---

① C ② ABC ③ C ④ ABC

A. 双方和解具有自愿性、合法性
B. 李某实施伤害的犯罪情节轻微,不需要判处刑罚
C. 李某五年以内未曾故意犯罪
D. 公安机关向检察院提出从宽处理的建议

376. 2012/2/37/单

对于适用当事人和解的公诉案件诉讼程序而达成和解协议的案件,下列哪一做法是错误的?①

A. 公安机关可以撤销案件
B. 检察院可以向法院提出从宽处罚的建议
C. 对于犯罪情节轻微,不需要判处刑罚的,检察院可以不起诉
D. 法院可以依法对被告人从宽处罚

377. 2012/2/75/多

关于可以适用当事人和解的公诉案件诉讼程序的案件范围,下列哪些选项是正确的?②

A. 交通肇事罪
B. 暴力干涉婚姻自由罪
C. 过失致人死亡罪
D. 刑讯逼供罪

专题二十三　缺席审判程序

考点81 缺席审判程序

378. 2020 回忆/多

下列关于我国刑事缺席审判程序的表述,哪些是正确的?③

A. 绿豆涉嫌受贿罪,逃往境外,某市监察委员会移送起诉,某市检察院认为受贿事实已经查清,证据确实、充分,依法应当追究刑事责任的,可以向某市中级法院提起公诉
B. 东柱涉嫌间谍罪,逃往境外,某市国家安全机关移送起诉,某市检察院认为间谍事实已经查清,证据确实、充分,依法应当追究刑事责任的,可以向某市中级法院提起公诉

---

① A　② AC　③ ACD

C. 白晶涉嫌盗窃罪在某县法院受审,在法庭审理过程中,白晶突然身染重病,法院裁定中止审理。6个月后,白晶仍无法出庭受审,白晶申请某县法院恢复审理,某县法院进行缺席审判

D. 南山涉嫌诈骗罪在某县法院受审,在法庭审理过程中,南山突患重病死亡,某县法院认为现有证据能够证明南山无罪,缺席进行审理并作出判决

379. 2019 回忆/多

贾士隐因涉嫌贪污犯罪被某市监察委员会立案调查,贾士隐逃往巴西。某市监察委员会移送某市检察院起诉,某市检察院向某市中级法院提起公诉。下列表述哪些是正确的?①

A. 某市中级法院应当将传票和某市检察院的起诉书副本送达贾士隐

B. 若某市中级法院无法将传票和某市检察院的起诉书副本送达贾士隐,不能缺席审判

C. 若某市中级法院缺席审理,贾士隐及其近亲属没有委托辩护人,某市中级法院应当通知法律援助机构指派律师为贾士隐提供辩护

D. 若某市中级法院依法作出判决后,贾士隐的妻子对判决不服,有权直接向某省高级法院上诉

专题二十四 犯罪嫌疑人、被告人逃匿、死亡案件违法所得的没收程序

考点82 犯罪嫌疑人、被告人逃匿、死亡案件违法所得的没收程序

380. 2022 回忆/任

陈某因受贿案发后逃匿,甲市检察院向甲市中院提起违法所得没收申请。陈某妻子赵某申请参加庭审,后开庭时又无故退庭。甲市中院作出没收裁定后,赵某提起上诉。二审期间,利害关系人马某申请参加诉讼,并说明自己因为生病住院没能参加一审。二审过程中,陈某回国投案自首。关于本案的办理,下列说法正确的是:②

A. 赵某无故退庭后,法庭可以转为不开庭审理

B. 法院应准许马某参加诉讼

C. 陈某投案后,法院应当裁定中止审理

---

① ABCD ② AB

D. 若甲市检察院对陈某以受贿罪向甲市中院提起公诉,甲市中院应另行组成合议庭审理

381. 2015/2/93/任

李某(女)家住甲市,系该市某国有公司会计,涉嫌贪污公款500余万元,被甲市检察院立案侦查后提起公诉,甲市中级法院受理该案后,李某脱逃,下落不明。关于李某脱逃后的诉讼程序,下列选项正确的是:①

A. 李某脱逃后,法院可中止审理

B. 在通缉李某一年不到案后,甲市检察院可向甲市中级法院提出没收李某违法所得的申请

C. 李某的近亲属只能在6个月的公告期内申请参加诉讼

D. 在审理没收违法所得的案件过程中,李某被抓捕归案的,法院应裁定终止审理

382. 2014/2/41/单

A市原副市长马某,涉嫌收受贿赂2000余万元。为保证公正审判,上级法院指令与本案无关的B市中级法院一审。B市中级法院受理此案后,马某突发心脏病不治身亡。关于此案处理,下列哪一选项是错误的?②

A. 应当由法院作出终止审理的裁定,再由检察院提出没收违法所得的申请

B. 应当由B市中级法院的同一审判组织对是否没收违法所得继续进行审理

C. 如裁定没收违法所得,而马某妻子不服的,可在5日内提出上诉

D. 如裁定没收违法所得,而其他利害关系人不服的,有权上诉

383. 2014/2/42/单

下列哪一选项不属于犯罪嫌疑人、被告人逃匿、死亡案件违法所得没收程序中的"违法所得及其他涉案财产"?③

A. 刘某恐怖活动犯罪案件中从其住处搜出的管制刀具

B. 赵某贪污案赃款存入银行所得的利息

C. 王某恐怖活动犯罪案件中制造爆炸装置使用的所在单位的仪器和设备

D. 周某贿赂案受贿所得的古玩

① ABD ② B ③ C

384. 2012/2/38/单

关于犯罪嫌疑人、被告人逃匿、死亡案件违法所得的没收程序,下列哪一说法是正确的?①

A. 贪污贿赂犯罪案件的犯罪嫌疑人潜逃,通缉1年后不能到案的,依照《刑法》规定应当追缴其违法所得及其他涉案财产的,公安机关可以向法院提出没收违法所得的申请

B. 在A选项所列情形下,检察院可以向法院提出没收违法所得的申请

C. 没收违法所得及其他涉案财产的申请,由犯罪地的基层法院组成合议庭进行审理

D. 没收违法所得案件审理中,在逃犯罪嫌疑人被抓获的,法院应当中止审理

专题二十五 依法不负刑事责任的精神病人的强制医疗程序

考点83 依法不负刑事责任的精神病人的强制医疗程序

385. 2021回忆/多

某市发现一名流浪汉,因不知道其姓名,也找不到任何家属,救助人员将其送往该市救助中心。在救助中心,该流浪汉将另一流浪汉杀死。法院在审理本案过程中,发现该流浪汉患有精神病。关于本案,下列哪些说法是正确的?②

A. 法院有权对其采取临时保护性羁押措施

B. 当地民政局可以派代表担任流浪汉的法定代理人出庭

C. 法院决定采取强制医疗措施应一并确认强制医疗期限

D. 法院可以临时邀请精神病专家作为人民陪审员

386. 2017/2/41/单

甲在公共场所实施暴力行为,经鉴定为不负刑事责任的精神病人,被县法院决定强制医疗。甲父对决定不服向市中级法院申请复议,市中级法院审理后驳回申请,维持原决定。关于本案处理,下列哪一选项是正确的?③

A. 复议期间可暂缓执行强制医疗决定,但应采取临时的保护性约束措施

B. 应由公安机关将甲送交强制医疗

---

① B ② BD ③ B

C. 强制医疗6个月后,甲父才能申请解除强制医疗

D. 申请解除强制医疗应向市中级法院提出

387. 2016/2/42/单

甲将乙杀害,经鉴定甲系精神病人,检察院申请法院适用强制医疗程序。关于本案,下列哪一选项是正确的?①

A. 法院审理该案,应当会见甲

B. 甲没有委托诉讼代理人的,法院可通知法律援助机构指派律师担任其诉讼代理人

C. 甲出庭的,应由其法定代理人或诉讼代理人代为发表意见

D. 经审理发现甲具有部分刑事责任能力,依法应当追究刑事责任的,转为普通程序继续审理

388. 2015/2/42/单

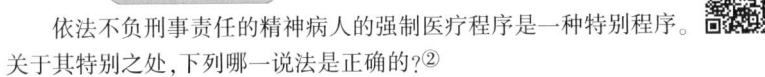

依法不负刑事责任的精神病人的强制医疗程序是一种特别程序。关于其特别之处,下列哪一说法是正确的?②

A. 不同于普通案件奉行的不告不理原则,法院可未经检察院对案件的起诉或申请而启动这一程序

B. 不同于普通案件审理时被告人必须到庭,可在被申请人不到庭的情况下审理并作出强制医疗的决定

C. 不同于普通案件中的抗诉或上诉,被决定强制医疗的人可通过向上一级法院申请复议启动二审程序

D. 开庭审理时无需区分法庭调查与法庭辩论阶段

389. 2013/2/41/单

公安机关在案件侦查中,发现打砸多辆机动车的犯罪嫌疑人何某神情呆滞,精神恍惚。经鉴定,何某属于依法不负刑事责任的精神病人。关于公安机关对此案的处理,下列哪一选项是正确的?③

A. 写出强制医疗意见书,移送检察院向法院提出强制医疗申请

B. 撤销案件,将何某交付其亲属并要求其积极治疗

C. 移送强制医疗机构对何某进行诊断评估

D. 何某的亲属没有能力承担监护责任的,可以采取临时的保护性约束措施

---

① A ② B ③ B

刷题表	时 间	题号	一刷	二刷	题号	一刷	二刷	题号	一刷	二刷	题号	一刷	二刷

390. 2013/2/42/单

法院受理叶某涉嫌故意杀害郭某案后,发现其可能符合强制医疗条件。经鉴定,叶某属于依法不负刑事责任的精神病人,法院审理后判决宣告叶某不负刑事责任,同时作出对叶某强制医疗的决定。关于此案的救济程序,下列哪一选项是错误的?①

A. 对叶某强制医疗的决定,检察院可以提出纠正意见
B. 叶某的法定代理人可以向上一级法院申请复议
C. 叶某对强制医疗决定可以向上一级法院提出上诉
D. 郭某的近亲属可以向上一级法院申请复议

391. 犯罪嫌疑人刘某涉嫌故意杀人被公安机关立案侦查。在侦查过程中,侦查人员发现刘某行为异常。经鉴定,刘某属于依法不负刑事责任的精神病人,需要对其实施强制医疗。

请回答第(1)、(2)题。

(1) 2012/2/95/任

关于有权启动强制医疗程序的主体,下列选项正确的是:②

A. 公安机关
B. 检察院
C. 法院
D. 刘某的监护人、法定代理人以及受害人

(2) 2012/2/96/任

法院审理刘某强制医疗一案,下列做法不符合法律规定的是:③

A. 由审判员和人民陪审员共3人组成合议庭
B. 鉴于刘某自愿放弃委托诉讼代理人,法院只通知了刘某的法定代理人到场
C. 法院认为刘某符合强制医疗的条件,依法对刘某作出强制医疗的裁定
D. 本案受害人不服法院对刘某强制医疗裁定,可申请检察院依法提起抗诉

① C ② BC ③ BCD

图书在版编目（CIP）数据

2024国家统一法律职业资格考试攻略．必刷题．5，刑诉法／拓朴法考编著．—北京：中国法制出版社，2024.4

ISBN 978-7-5216-4158-5

Ⅰ.①2… Ⅱ.①拓… Ⅲ.①刑事诉讼法-中国-资格考试-习题集 Ⅳ.①D920.4

中国国家版本馆CIP数据核字（2024）第032427号

责任编辑：李连宇　　　　　　　　　　　封面设计：拓　朴

2024国家统一法律职业资格考试攻略．必刷题．5，刑诉法
2024 GUOJIA TONGYI FALÜ ZHIYE ZIGE KAOSHI GONGLÜE.BISHUATI.5，XINGSUFA
编著／拓朴法考
经销／新华书店
印刷／三河市华润印刷有限公司
开本／787毫米×1092毫米　32开　　　　　印张／4　字数／130千
版次／2024年4月第1版　　　　　　　　　2024年4月第1次印刷

中国法制出版社出版
书号 ISBN 978-7-5216-4158-5　　　　　　　总定价：118.00元（全八册）

北京市西城区西便门西里甲16号西便门办公区
邮政编码：100053　　　　　　　　　　　　传真：010-63141600
网址：http：//www.zgfzs.com　　　　　**编辑部电话：010-63141811**
市场营销部电话：010-63141612　　　　**印务部电话：010-63141606**

（如有印装质量问题，请与本社印务部联系。）
本书二维码内容由拓朴法考提供，用于服务广大考生，有效期截至2024年12月31日。